キーワードで学ぶ 防災福祉入門

川上　富雄
中井　俊雄
磯打千雅子

［編著］

学文社

はじめに

　相次ぐ大規模自然災害を受け、「個別避難計画」や「地区防災計画」の策定、「DIG」「HUG」「防災訓練」などを通じた、地域における福祉と防災の予防的取り組みと地域づくりの一体的展開の必要性が叫ばれています。こうした中で、民生児童委員、町内会・自治会、地区社協、自主防災組織、防災士などへの役割期待が高まっています。

　また、福祉事業者にも、災害に備えた安否連絡体制をはじめ、福祉避難所に関する準備、事業継続計画（BCP）の策定や防災避難訓練の実施などが求められています。

　全国の都道府県・市区町村に系統的に設置されている社会福祉協議会には、平時の防災福祉コミュニティづくりにむけた地域支援、発災後の災害ボランティアセンターの設置運営や全国ネットワークを活用したさまざまな被災地支援のためのボランティアの受け入れ、コーディネートなど多くの役割が期待されています。

　さらに、すべてのソーシャルワーク専門職には、平時における防災福祉コミュニティづくりや、発災後のさまざまな支援制度や連携先に関する知識をもって、行政や他の専門職と連携した「災害ケースマネジメント」を展開することなども期待されています。

　本書は、阪神・淡路大震災（1995）、東日本大震災（2011）、平成 30 年 7 月豪雨（西日本豪雨災害，2018）など各種大規模自然災害からの教訓として整備されてきたさまざまな予防的規制や対策、避難体制の整備、被災地支援体制の強化、被災者救済制度の整備など、専門職・地域活動者をはじめ、すべての防災福祉に関わる人に役立つ防災福祉の知識を網羅的に整理・紹介しています。関係する皆さまに役立つ入門書となれば幸いです。

　2024 年 9 月

編者　中井　俊雄・磯打　千雅子

目次 キーワードで学ぶ防災福祉入門

はじめに……………………………………………………………………… i

1 自然災害大国日本の過去・現在

1 自然災害大国「日本」………………………………………………… 2
2 自然災害の日本史 …………………………………………………… 4
3 我が国の防災対策の歴史 …………………………………………… 6
4 阪神・淡路大震災—「ボランティア元年」からの軌跡と教訓 …… 8
5 東日本大震災の福祉的教訓 ………………………………………… 10
6 能登半島地震の福祉的教訓 ………………………………………… 12
7 西日本豪雨災害と社会福祉協議会の役割 ………………………… 14
8 南海トラフ地震など巨大地震への備え …………………………… 16
9 災害対策に関連する法律① — 総論 ……………………………… 18
10 災害対策に関連する法律② — 災害対策基本法 ………………… 20
11 災害対策に関連する法律③ — 発災後の支援に関する主要法令 … 22
12 災害対策に関連する法律④ — 防災に関する主要法令 …………… 24
13 防災計画の体系と行政組織 ………………………………………… 26
14 ハザードマップと防災マップ ……………………………………… 28
15 建物や設備の災害対策 ……………………………………………… 30

2 平時における防災活動

16 自助・共助による防災活動の必要性 ……………………………… 34
17 災害時における要支援者対策の動向 ……………………………… 36
18 災害時要援護者の避難支援ガイドライン ………………………… 38
19 避難行動要支援者名簿 ……………………………………………… 40
20 個別避難計画 ………………………………………………………… 42
21 障害者差別解消法と合理的配慮 …………………………………… 44
22 要援護者・要配慮者・要支援者の考え方・捉え方 ……………… 46
23 地区防災計画 ………………………………………………………… 48

24 マイ・タイムライン ……………………………………… 50

25 「避難勧告」の廃止とレベル1～5への統一化 ……………… 52

26 福祉施設・事業所の防災・災害対応①
　　── 拡大する福祉施設の役割 ……………………… 54

27 福祉施設・事業所の防災・災害対応②
　　── さまざまな防災計画 ……………………………… 56

28 地域における防災の担い手①
　　── 公私の担い手と連携・人材育成 ………………… 58

29 地域における防災の担い手②
　　── 地域防災に関わる機関・組織・専門職等 ……… 60

30 住民・要援護者の防災リテラシーと災害対応力の向上 ………… 64

31 地域における災害対応力向上の取り組み例 ……………… 66

32 地域における防災と福祉の融合的展開 ……………… 68

33 自助による防災─私たちは災害への備えができているのか ……… 70

3 発災時の被災地・被災者支援および復興支援

34 災害派遣福祉チーム（DWAT）……………………… 74

35 避難場所と避難所（指定避難所／指定福祉避難所）……………… 76

36 さまざまな避難
　　── 分散避難・在宅避難・車中泊避難・ペット避難 ……………… 78

37 さまざまな支援組織 ………………………………… 80

38 災害ボランティア ………………………………… 82

39 災害ボランティアセンター …………………………… 84

40 災害ケースマネジメント ……………………………… 86

おわりに …………………………………………………… 88

索引 ……………………………………………………………… 90

1

自然災害大国日本の過去・現在

1 自然災害大国「日本」

1 日本の災害環境

　私たちの住むこの日本は、災害に対して必ず安全な場所はありません。

　日本の国土は約7割が森林に覆われており、私たちが住むことができる平野はたったの3割弱です。これは国土面積の割合の北海道と九州地方を足した範囲が相当します。その平野には洪水などによる浸水被害が、山沿いでは土砂災害が、沿岸部では津波被害が想定されます。このような災害発生の危険性がある土地に、日本の人口約7割が住んでいます。

2 日本周辺のプレートと主な地震

　図1は日本周辺のプレート境界を示したものです。日本周辺では、太平洋プレート、フィリピン海プレートが日本に向かって1年で数cmの速度で動いています。このため、複数のプレートによって複雑な力がかかり、世界でも有数の地震多発国となっています。

　2011年3月11日に東北地方を中心に被害が発生した東日本大震災（平成23年（2011年）東北地方太平洋沖地震）は、プレート境界で発生した地震です。地震の規模は「**マグニチュード（M）**」という単位を用いて表されます。マグニチュー

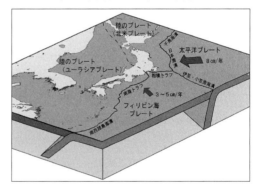

図1　日本付近のプレート模式図
出典：気象庁HP (https://www.data.jma.go.jp/eqev/data/jishin/about_eq.html)

ドが1大きくなると地震の大きさは32倍になり、2大きくなると1,000倍になります。東日本大震災は、マグニチュード9.0で、日本国内観測史上最大規模の地震でした。宮城県北部で震度7が観測され、死者・行方不明者は2万人以上に達しました。各地で津波が発生し、宮城県女川漁港で14.8m、陸地の斜面を駆け上がった津波の高さは最大で40.5mが観測されました（内閣府「特集　東日本大震災」）。

　また、陸域を震源とする地震もあります。1995年1月17日に兵庫県を中心に被害が発生した阪神・淡路大震災（平成7（1995）年兵庫県南部地震）は、マグニチュード7.3、神戸市を中心に震度7が観測されました。死者・行方不明者は6千人以上に達し、多くの建物が倒壊しました（内閣府「阪神・淡路大震災教訓情報資料集阪神・淡路大震災の概要」）。

1995年兵庫県南部地震は、いわゆる**直下型地震**と呼ばれ、強い揺れが短い時間続くことが特徴です。2011年東北地方太平洋沖地震は、**海溝型地震**と呼ばれ長く揺れることが特徴です。2つの地震の特性の違いは、揺れた後の被害の違いにも関係してきます。大きく長い揺れを感じたら海溝型地震を想定して、沿岸部や川沿いなどの低い土地から高台へ離れる必要があります。直下型地震のように短く強い揺れの場合には、建物倒壊や火災の発生が懸念されます。このように地震の発生する場所や揺れ方によって、その次に起こす行動が異なることにも注意が必要です。

3　気象状況

　図2は、日本の平均気温の推移を示したものです。基準値（1991～2020年の30年平均値）からの偏差は+1.29℃で、1898年の統計開始以降2023年は最も高い値となっています。

　日本の年平均気温は、長期的には100年あたり1.35℃の割合で上昇しています。また、大雨の年間発生回数は増加しています。1時間降水量80mm以上など強い雨は、1980年頃と比較しておおむね2倍程度に頻度が増加しています（図3）。

　私たちの生活に強い雨の影響を受ける頻度が年々増えている傾向にあるといえ、極端な気象現象による自然災害のリスクも高まっています。

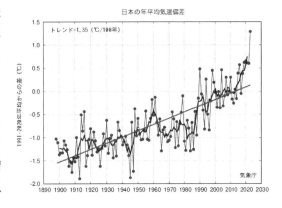

図2　日本の年平均気温偏差（1898～2023年）

出典：気象庁（https://www.data.jma.go.jp/cpdinfo/temp/an_jpn.html）

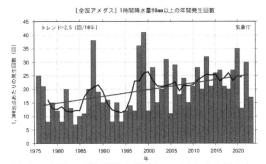

図3　全国の1時間降水量80mm以上の大雨の年間発生回数の経年変化（1976～2023年）

折れ線は5年移動平均値、直線は長期変化傾向（この期間の平均的な変化傾向）

出典：気象庁（https://www.data.jma.go.jp/cpdinfo/extreme/extreme_p.html）

参考文献
- 国土交通省国土政策局「都道府県別の災害リスクエリアに居住する人口について」(https://www.mlit.go.jp/kokudoseisaku/content/001373119.pdf)
- 内閣府 防災情報のページ「特集　東日本大震災」(https://www.bousai.go.jp/kohou/kouhoubousai/h23/63/special_01.html)
- 内閣府 防災情報のページ「阪神・淡路大震災教訓情報資料集阪神・淡路大震災の概要」(https://www.bousai.go.jp/kyoiku/kyokun/hanshin_awaji/earthquake/index.html)

※本書全項において、URLの参照日は、すべて2024年11月1日現在です。

［磯打　千雅子］

2 自然災害の日本史

　文字記録が残っていない時代の地震や大規模津波被害については、地層に残る津波堆積物等により研究が行われてきています。720（養老4）年に完成した歴史書「日本書紀」には、416（允恭天皇5）年に允恭地震（奈良県、震源や規模は不明）、599（推古天皇7）年に 推古地震（奈良県）、679（天武天皇7）年に筑紫地震（福岡県）、684（天武天皇13）年に白鳳地震（南海道沖）などが起こったとの記録が残っているそうです。

　その後も多くの記録が残されていますが、とりわけ大規模だったもの（M8以上と推測され千名単位の犠牲が出たとの記録があるもの）として、869（貞観11）年の貞観地震・津波（陸奥国）、1026（万寿3）年の万寿地震（島根県益田市）、1096（嘉保3）年の永長地震（東海道沖地震）、1099（承徳3）年の康和地震（南海道沖地震）、1293（正応6）年の鎌倉大地震（永仁鎌倉地震）、1361（正平16）年の正平・康安地震（南海道・東海道沖）、1454（享徳3）年の享徳地震（福島県）、1498（明応7）年の明応地震（東海道沖）、1586（天正13）年の天正地震（東海東山道、飛騨・美濃・近江地震）、1605（慶長9）年の慶長地震（南海トラフ津波地震説）、1611（慶長16）年の会津地震、慶長三陸地震（東北地方）、1703（元禄16）年の元禄地震（『鸚鵡籠中記』によると死者20万人とも）、1707（宝永4）年の宝永地震（南海トラフ全域。地震から49日後に富士山の宝永大噴火）、1771（明和8）年の八重山地震（明和の大津波）、1792（寛政4）年の島原大変肥後迷惑（雲仙普賢岳噴火）、1793（寛政5）年の寛政地震（宮

表1　近代以降の大規模自然災害

発生年	災害名	死者・行方不明者数
1891	濃尾地震	約7,200人
1896	明治三陸地震津波	約22,000人
1923	関東大震災	約105,000人
1927	北丹後地震	約3,000人
1933	昭和三陸地震津波	約3,000人
1934	室戸台風	約3,000人
1943	鳥取地震	約1,000人
1944	昭和東南海地震＆津波	約1,200人
1945	三河地震	約2,300人
1945	枕崎台風	約3,800人
1946	昭和南海地震＆津波	約1,500人
1947	カスリーン台風	約2,000人
1948	福井地震	約3,800人
1954	洞爺丸台風	約1,800人
1959	伊勢湾台風	約5,100人
1995	兵庫県南部地震	約6,400人
2011	東日本大震災	約22,000名

出典：各資料より作成

第1部 自然災害大国日本の過去・現在

表2　2011年以降の大規模自然災害

2011年	東日本大震災、新燃岳噴火
2012年	九州北部豪雨（7月）
2013年	平成25年大雪（1-2月）、山口島根豪雨災害（7月）、秋田岩手豪雨災害（8月）
2014年	関東豪雪（2月）、広島市豪雨土砂災害（8月）、御岳山噴火（9月）
2015年	台風18号関東・東北豪雨災害（9月）
2016年	熊本地震・大分県中部地震（4月）
2017年	九州北部豪雨（日田・朝倉市等）（7月）
2018年	草津白根山噴火（1月）、大阪北部地震（6月）、西日本豪雨災害（7月）、北海道胆振東部地震（9月）
2019年	九州北部（佐賀・福岡・長崎）豪雨（8月）、房総半島台風15号（千葉）（9月）、東日本台風19号（長野・箱根）（9月）
2020年	新型コロナウイルス禍、熊本豪雨災害（球磨川）（7月）
2021年	豪雨土砂災害（熱海）（7月）、西日本大雨（8月）
2022年	能登半島地震（6月）、北海道・東北・北陸豪雨災害（8月）
2023年	西〜中日本豪雨（6月）、九州豪雨（6月）
2024年	能登半島地震（1月）

城県沖地震）、1854（嘉永7）年の安政東海地震（東海道沖の巨大地震）および安政南海地震（南海道沖の巨大地震）、1855（安政2）年の安政江戸地震（安政の大地震）などです。

民間会社の運営による「防災情報ナビ−iBousai.jp」には、20世紀以降の自然災害が年表で紹介されていますので、ご参照ください。ここでは表1に犠牲者千人以上を出した近代以降の大規模自然災害を抜粋紹介しています。

また、2011年以降の地震、豪雨・台風、火山などで印象深いものを表2に紹介させていただきます。たった最近10年程の間に実に多くの自然災害に見舞われており、「ああ、そんなこともあったなぁ」と思い出されるのではないでしょうか。寺田寅彦の格言「災害は忘れたころにやってくる」のとおり、私たちは常に過去の災害に学び、次の災害に備える営みを止めてはならないのだと思います。

その一助とのるものとして、国土地理院は、全国の自然災害伝承碑マップをホームページで公開しています（https://www.gsi.go.jp/bousaichiri/denshouhi.html）。自然災害伝承碑とは、過去に発生した自然災害（洪水、土砂災害、高潮、地震、津波、火山災害等）の様相や被害状況等が記載された石碑やモニュメントのことです。これらの碑は被災場所に建てられていることも多く、過去にその土地で、どんな災害が起こったかを知ることができます。こうしたものも学びに活用いただければと思います。

国土交通省　国土地理院
自然災害伝承碑のページ

［川上 富雄］

3 我が国の防災対策の歴史

1 戦前までの防災対策

　我が国には、近世以前より"常平倉""義倉""社倉"など、災害やそれに伴う飢饉等に備えて備蓄したり、災害時に富豪による寄付拠出の仕組みが地域の中に作られたりしていました。

　明治期に入り、1981（明治14）年には、地方公共団体の災害復旧事業費について国庫が一定程度の割合を負担する災害復旧制度が設けられました。さらに1880（明治13）年には、「備荒儲蓄法」が制定され、災害への備えが制度化されました。その後、1899（明治32）年には、災害時に備え基金を設置する「災害準備基金特別会計法（罹災救助基金法）」も制定されました（同法は明治44年の「府県災害土木費国庫補助ニ関スル法律」で基金制度に代わり国庫補助制度が創設されたことに伴い廃止されました）。

2 戦後まもなくの防災対策

　太平洋戦争終戦年の1945（昭和20）年には冷害、枕崎台風や阿久根台風が相次いで日本を襲い、戦時中の劣悪な食糧事情に加えて農業全体が大きなダメージを受け、食糧難が最悪の年となりました。また、1947年9月のカスリーン台風では、関東・東北地方が大被害を受けました。1949年にはデラ台風、ジュディス台風、キティ台風が、1959年にはジェーン台風、キジア台風が相次いで日本を襲い、全国に爪痕を残しました。

　これら昭和20年代の大規模自然災害の度重なる影響を受け、全国の主要河川にダム建設、堤防建築や浚渫など治水対策が喫緊の課題として構想されることとなりました。戦後の災害頻発の理由として、戦時中の治山治水事業の停滞の影響が指摘されてもいます。国土整備の放置や農地森林荒廃の影響に加え、当時の気象予報の未熟さも脆弱性（vulnerability）として被災規模に大きく影響を及ぼしていたと考えられます。これらを踏まえ、戦後急速にハード面・ソフト面の災害対策が整備されていくことになります。

　国土強靭化対策など、構造物による防災だけでなく、社会制度としても災害を防ぐため、1961（昭和36）年に災害対策基本法が制定されました。詳細は**10**項に別記しますが、この法律により、国、県、市町村それぞれの責任が明確化・分担され、防災は市町村が一義的責任を有するものとされ、市町村が防災計画を策定し、危険場所の周知、緊急時の防災体制構築・整備、避難勧告や避難指示を行うものとされました。

　次項以降で詳述しますが、平成時代に入ってからは、阪神淡路大震災や東日本大震災な

自然災害大国日本の過去・現在　第**1**部

表1　災害対策制度整備年表

年	災害対策にかかる法制度
1880（明治13）年	備荒儲蓄法　　（明治32年廃止）
1896（明治29）年	河川法　　（1964（昭和39）年同法改正）
1897（明治30）年	砂防法
1899（明治32）年	災害準備基金特別会計法　　（1911（明治44）年同法廃止）
1908（明治41）年	水害予防組合法
1911（明治44）年	治水費資金特別会計法
1947（昭和22）年	災害救助法／消防組織法
1948（昭和23）年	消防法
1949（昭和24）年	水防法
1956（昭和31）年	海岸法
1958（昭和33）年	地すべり等防止法
1969（昭和35）年	治山治水緊急措置法
1961（昭和36）年	災害対策基本法
1962（昭和37）年	激甚災害法（激甚災害に対処するための特別の財政援助等に関する法律）
1969（昭和44）年	急傾斜地の崩壊による災害の防止に関する法律
1972（昭和47）年	防災のための集団移転促進事業に係わる国の財政上の特別措置等に関する法律
1973（昭和48）年	活動火山周辺地域における避難施設等の整備等に関する法律（1978（昭和53）年活動火山対策特別措置法に改正）
1973（昭和48）年	災害弔慰金の支給等に関する法律
1978（昭和53）年	大規模地震対策特別措置法
1980（昭和55）年	地震財特法（地震防災対策強化地域における地震対策緊急整備事業に係る国の財政上の特別措置に関する法律）
1995（平成7）年	阪神・淡路大震災復興の基本方針及び組織に関する法律／地震防災対策特別措置法／建築物の耐震改修の促進に関する法律
1996（平成8）年	特定非常災害の被害者の権利利益の保全等を図るための特別措置に関する法律
1997（平成9）年	密集市街地における防災街区の整備の促進に関する法律
1999（平成11）年	原子力災害対策特別措置法
2000（平成12）年	土砂災害警戒区域等における土砂災害防止対策の推進に関する法律

ど、千人単位の犠牲が出る自然災害が再び発生するようになり、また、南海トラフ地震への懸念なども含め、防災対策はもう一段上のフェーズに入ってきているといえます。

［川上 富雄］

4 阪神・淡路大震災
「ボランティア元年」からの軌跡と教訓

1 阪神・淡路大震災でのボランティアの群像

　1995（平成7）年1月17日、淡路島北部を震源地とする「兵庫県南部地震」（マグニチュード7.3）が発生し、震度7の激しい揺れに襲われ、阪神間・淡路島の各地で甚大な被害が発生しました。6,400名を超える死者（9割が圧迫死）と4万人以上の負傷者、約25万棟の家屋被害などをもたらしました。兵庫県内では、社会福祉施設のうち4割程度が被災し、他にも多くの小規模作業所が被災しました。一方、被災地には全国各地から多くのボランティアが駆けつけました。これまであまりボランティア活動に縁がないと言われた学生や会社員などが参加し、震災直後は1日2万人以上、震災後1年間で延べ137万人が活動したことから、1995年は「ボランティア元年」と呼ばれています。

　行政機能が麻痺したなか、被災者のニーズに応じたさまざまな救援活動が、被災地のフェーズに応じて、ボランタリズムに基づいて、自発的・自主的に率先して行われました。当時、被災地に駆けつけたボランティアは、**「災害ボランティア」**ではなく、**「救援ボランティア」**と呼ばれました。「災害ボランティア」という呼称は、「災害ボランティアセンター」とセットで一般的になったものです。「福祉」「環境」などと同様、他のボランティアと峻別するために、次第に「災害ボランティア」が定着したものと思われます。

　当時の「救援ボランティア」は、どのような活動に携わっていたのでしょうか。インターネットがパソコン通信と呼ばれ、携帯電話が普及し始めた時期であり、現在のようなIT環境はありませんでした。ボランティアの多くは、新聞・テレビなどのマスコミ報道で被災地の状況を知ることになります。「明日は我が身」などの共感が、止むに止まれぬ気持ちにつながり、ボランティアとして被災地入りしたに違いありません。どこに行き、何をするかは、被災地に行けばわかるという具合で、キャンプ装備・自給自足を基本に被災地入りし、ボランティアという自覚なく、**表1**のような活動をしていました。

　当時の社協には、ボランティアセンターが設置されていましたが、手話や朗読、給食サービスなどの福祉分野が中心であり、災害時の救援活動の窓口としての準備は整っていませんでした。社協に配置されたボランティアコーディネーターが、大阪ボランティア協会などの民間団体のノウハウや取組みを参考にして、多様な救援活動が展開されました。

表1　阪神・淡路大震災（初動期）の主なボランティア活動内容

●瓦礫の整理	●部屋の片付け・整理	●避難所の手伝い	●炊き出し
●給水の手伝い	●引っ越し手伝い	●救援物資の運搬・整理	
●福祉施設の手伝い	●通院介助	●入浴介助	●屋根のシートかけ　など

自然災害大国日本の過去・現在　第**1**部

2 「災害ボランティアセンター」の萌芽と現地事務所の取り組み

当時、被災地で活動するNGO・NPO等の情報・課題共有の場として、「阪神大震災地元NGO救援連絡会議」（代表・草地賢一）があり、課題別の分科会も設定され、情報共有とともに、提言活動も行われていました。県社協担当者としてこの会議に参加した際、どういう流れかは忘れましたが、代表から「社協は民の皮を被った官だ」という発言があり、大きなショックを受けたことを覚えています。この代表は、かねがねボランティアの矜持として「ボランティアは、言われなくてもする、言われてもやらない」ということを強調していました。

さて、今日、「災害ボランティアセンター」が被災地の市町村ごとに設置・運営されている現在、「災害ボランティアバス」や「災害ボランティアツアー」など、参加方法は多様になっていますが、被災者に寄り添った活動になっているのでしょうか。「災害ボランティアセンター」の運営支援者研修では、「泥を見ずに人を見ろ」などのテーゼもありますが、駆けつける「災害ボランティア」の効率的な受入れに軸足が向いているようであれば、本末転倒と言わざるを得ません。昨今、「災害ボランティアセンター」の運営に関して、管理的過ぎるとか、受入れ規制に対しての批判の声もあります。これは、偏った災害報道の影響もありますが、関係者は自戒の念をもって受け止めるべきでしょう。

3 日頃からできていないことは、災害時にもできない

災害支援は「自助・共助・公助」で区分・整理され、災害により公助が機能低下した中では、自助を基本とし、共助が真価を発揮します。共助は、平時からの「つながり」や「地域づくり」などの関係性の中で生まれるものです。震災当時、よく言われたフレーズに「人を助けるのは、人しかいない」というものがありました。

30年間の災害支援の軌跡の中で、進化したこともあれば、退化したこともあります。そして、普遍的なこととして、「日頃からできていないことは、災害時にもできない」ということが言えるのではないでしょうか。

災害の備えでは自助が基本となりますが、共助は「つながり」などの見えないもので、一朝一夕に自然発生的にできるものではありません。震災以降、地震・台風など幾多の災害が発生するたびに、私たちは被災者に寄り添った救援活動を心掛け、被災地の地域特性や文化・風土、県民性を踏まえた支援を行ってきました。

「日頃からできていること」は何かを探りつつ、「郷に入れば郷に従う」覚悟をもって被災地に入り、「できていないこと」を一つでも補うことで、支援のバトンをつないできました。これからの「災害ボランティアセンター」は、原点を確認しながら、災害にも強い地域づくりと一体で進化していくことが大切だと考えています。

参考文献　兵庫県社協発行「大震災と社協」

［馬場　正一］

5 東日本大震災の福祉的教訓

1 発災時に要援護者の命を守るための課題

　東日本大震災の最大の特徴は津波による被害といえるでしょう。古くから津波被害に見舞われてきた三陸地方には、「津波てんでんこ」という教えがあります。「津波のときは、家族のことも気にせず、とにかく自身の命最優先で高台に一目散に逃げる」という意味です。しかし、自らの力で「てんでんこ」できない高齢者・障害者などの課題が浮き彫りになりました。とりわけ、利用者の尊厳重視・地域自立生活保障などの視点から急速に拡大した在宅福祉サービス体制下における災害弱者の避難問題は積み残されたままでした。宮城県では、「障害者の施設入所から在宅福祉へ」という施策が推し進められていたこともあり、そのことが障害者の犠牲率を高めてしまったのではないかとの声もあります。

　JDF みやぎ支援センターの報告（2013 年）によると、宮城県では死亡者 10,343 人（死亡率 0.59％）に対して、被災障害者の死亡者数は 1,104 人（死亡率 1.53％）だったとのことです。障害者の死亡率は住民全体の約 2.5 倍に及んでいることがわかりました（図 1 参照）。同様の傾向は、要介護高齢者等の「避難判断」「避難体力」に課題のある災害弱者全体にも当てはまります。施設から在宅へというトレンドの中で、在宅要援護者の方々の防災対

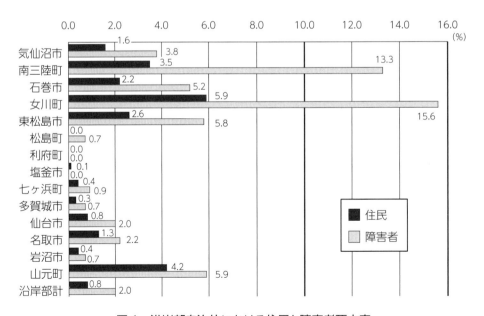

図 1　沿岸部自治体における住民と障害者死亡率

出典：日本障害フォーラム (JDF)「東日本大震災　障害者の支援に関する報告書」(JDF みやぎ支援センター) より

策を日常の福祉的支援とセットで考え、備えがなされないと、在宅福祉体制は安心できるシステムとしては完成しないと言えます。それゆえに、東日本大震災以降の対策として、**避難行動要支援者名簿**の作成、**個別避難計画**の作成などが進んできていますが、このほかにも、在宅福祉サービスを利用する高齢者や障害者等のハザード圏内からの住み替え・移住の促進、あるいは住居の強度や構造に関する基準・要件なども議論される必要があるのではないでしょうか。

2　要援護者の被災生活の QOL を確保するための課題

　さて、同じく JDF みやぎ支援センターの報告（2013 年）によると、障害者の被災下での避難・生活状況についての調査報告もなされています。「障害のある人とその家族たちは、一般の指定避難所での生活が困難なため、半壊した自宅や障害者支援事業所、特別支援学校等に自主的に避難していた。指定避難所はバリアフリーでないところが多く、身体障害のある人たちにとっては困難だった。また体育館や公民館などでの密集した避難生活は、障害のない人にとっても相当なストレスを与えるものであり、重度の自閉症や精神障害のある人たちにとっては、より過酷な条件となってしまうため、避難所に入ることすらできない人と家族もいた。障害者支援事業所に避難できた人はまだ良いほうで、何日も車中での生活を余儀なくされたという障害のある人と家族の事例もあった。／しかも、こうした自主的に避難した自宅や障害者支援事業所等は、指定避難所ではないため、食糧や生活物資の提供対象とならなかった。そのため、何日も事業所の食材のみで生きながらえたという人たちも存在した。1996 年の災害援助法の改正によって制度化された「福祉避難所」は、一定数設置されたが、すべての障害者支援事業所の自主避難が、「福祉避難所」に指定されたわけではなかった」とのことです。こうした状況ないしは被災後の QOL に関する課題は、障害者だけでなく、要介護高齢者を支える家族、外国人の方々や、赤ちゃんや妊婦さんがいる世帯、ペットを飼っている人々など、多くの方々に共通する心配事です。大規模自然災害時には福祉事業所も被災する恐れがありますので、行政が単に福祉避難所を確保指定しているから大丈夫というものではありません。被災後の QOL 確保のために二重三重の備えを**地域防災計画**や**地区防災計画**で想定し、備えておく必要があります。

　16項でも触れていますが、結局のところ、「自助と共助による発災前の防災活動の目的・意義は、①発災時に命を守るためと②被災生活の QOL を確保するため」であり、そのことは要援護者等により深刻に表出するということです。

参考文献
JDF みやぎ支援センター元事務局長小野浩（2013）「東日本大震災における障害のある人の被災状況と支援活動 JDF みやぎ支援センターの取り組みを通じて」日本障害フォーラム（JDF）『東日本大震災 障害者の支援に関する報告書』(https://www.dinf.ne.jp/doc/japanese/resource/bf/jdf_201303/jdf_1-1-00.html)

［川上 富雄］

6 能登半島地震の福祉的教訓

　本書の発行年となる2024年の元日に起きた能登半島地震については、復興に向けた取り組みの渦中にあり、教訓として語るには時期尚早な部分もあります。一方で、全国からの心配や支援の声や思いが熱い今だからこそ伝えられることもあるのではとも思い立ち、貴重な紙面をお借りして、以下、みなさまへの感謝とともに現状の言語化を試みます。

1 能登半島地震の地理的特徴と影響

　能登半島地震を語るうえでは、まずは地域の理解が求められます。いわずもがな最大の地理的特徴は「半島」であることでした。県庁所在地の金沢市から能登地域への動脈となる主要道路は、のと里山街道と国道249号の2本です。今回の地震発生時には、各所でがけ崩れや陥没が生じ、隣県からの道も含む自動車道すべてで通行止め区間が多数続きました。これらの道路の損壊により、被災地への支援のためのアクセスが困難となりました。多くの「孤立集落」が生まれ、ボランティアの受け入れが遅れた要因とも言えます。

　また、被災地となった石川県北部は、そもそも高齢化率が高く、過疎化がすすみ、インフラの整備も十分とは言えませんでした。住宅や水道管の耐震といった課題もあり、建物倒壊や断水等住家被害件数の増加につながっています。半面、同じ地域で長く顔なじみ同士で暮らしてきたからこその地縁や愛着の強さは、復興に向けた追い風となることも地域特性からくる利点であることは看過できない事実です。

2 避難の多様性と支援の格差

　能登半島地震では、避難における形態の多様性が顕著でした。発災後約1か月を経て、県が把握していた一時避難所は285か所、その半数以上が自主避難所でした。在宅避難でも、家屋が倒壊している隣接の納屋やビニールハウスで過ごす人たち、車中泊等とさまざまでした。

　二次避難所に移る人たちのほとんどが県内の旅館やホテルを希望しましたが、そこではいわゆる「避難所ガチャ」と呼ばれる現象が生じていました。避難先によっては、食事も物資の提供もないところもあったのです。被災地から離れた市町で暮らす人たちへの物資の配布のニーズは高く、限定的にはじめた「あつまらんけーのと」といった取り組み（支援物資の募集および配布、社会福祉士による相談コーナーの運営、常設カフェでの避難者の集い

自然災害大国日本の過去・現在　第**1**部

の場づくり等）も、現在はみなし仮設入居者等に向け、令和6年中の延長が決まっています。

　二次避難所に入るまでの一時的な受け入れ施設となった1.5次避難所は、要介護者等、行先が見つからない避難者たちの福祉避難所と化していた実態がありました。このような広域避難者が多く集まった金沢市内の施設や病院は飽和状態となり、コロナ禍以上の崩壊がみられ、「見えない被災地」と評されていました。

3　置かれた場所からはじめる被災者支援

　最後に、これからの福祉的教訓への道へつづく一歩をどう踏み出したかに触れておきます。振り返ると、私たちの被災者支援の事始めは、社会福祉専門職の仲間が集まったところからでした。通常業務の間を縫って、全国からの物資の受け入れと地元ボランティアの組織化を行い活動をはじめました。今あるつながり、システムの中で、自分がまず動く、なにもしないよりも意味があるのではという思いでした。

　個人、有志、民間としてはじめた活動は、その後、しかるべきタイミングで、金沢市社会福祉協議会といった組織や石川県社会福祉士会といった職能団体、行政の事業化へと発展し、「あつまらんけーのと」という活動が始まりました。大きな組織や団体としての意思決定には、ある程度時間や労力を要するため、いら立ちが募りやすいものですが、長い目でみて、安易にけんか別れせずに、粘り強く連携していくことが大事だと実感しました。図1のように、それぞれの立場の良さを活かしながら連携していくことが必要となります。

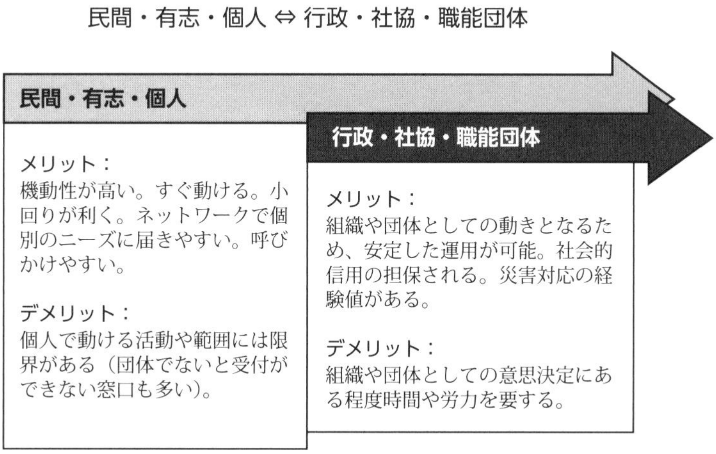

図1　それぞれの立場の良さを活かしながら連携していく

［中　恵美］

7 西日本豪雨災害と社会福祉協議会の役割

1 西日本豪雨災害における総社市の被害

　総社市では、2018（平成30）年7月5日から6日にかけての大雨により、内水氾濫、堤防決壊、市内のアルミニウム工場の溶鉱炉への浸水に伴う大規模爆発などが起きました。総社市における被害の概況については下記のとおりです。

　○死　　者：12人（災害関連死含む）　　○負傷者：　38人
　○床上浸水：576棟　　　　　　　　　　○床下浸水：232棟
　○全壊家屋：　86棟　　　　　　　　　　○半壊家屋：564棟
　○一部損壊家屋：532棟　　　　　　　　　（令和4年2月31日現在）

2 総社市災害ボランティアセンターの開設

(1) 設置の経過

　総社市社会福祉協議会（以下「社協」）では、甚大な被害を受けた総社市の復旧に取り組むため、7月8日「総社市災害ボランティアセンター」（以下、「災害ボランティアセンター」という）を設置しました。

　災害ボランティアセンターの設置は、甚大な被害を受けた総社市を「助けたい」、「支えたい」、そして、「自分たちにも何かができる」と考えた千人近くの高校生・中学生の勇気ある行動から始まりました。その後、全国からのボランティアの支援がありました。10月1日「総社市復興支援センター」の開設に至るまでの約2か月半の間に、延15,700人を超える全国からのボランティアの皆さんが支援に集まりました。

市役所前に集まった高校生ボランティア希望者に市長が感謝を伝える

(2) これまでの取り組みから

　「災害ボランティアセンター」の設置については、社協にとって、はじめての経験であり、体制整備および実際の運営等においては、市内外の多くのボランティアをはじめ、県

自然災害大国日本の過去・現在　第**1**部

内・外からの社会福祉協議会職員の派遣、多様な活動団体および関係機関、そして、総社市行政による多くの支援を受けました。同時に、この取り組みを通じて、改めて、日常のふれあい・助け合い・支え合いを根幹とした「地域福祉活動の推進」「福祉教育」「災害支援への備え」等の重要性を再認識しました。

　今回の災害ボランティアセンター設置および災害ボランティア支援の広がりは、これまで社協が取り組んできた地域福祉活動が一定の成果として実りつつあるものだと再認識しました。災害支援は、特別なものではなく、「災害支援は、地域づくり」「地域づくりは、災害支援」につながると考えます。特に今回、いち早く駆けつけてくれた中・高校生たちの「勇気ある行動」は、数年前から学校と協働して取り組んだ福祉学習や社会貢献活動を通じて地域での支え合いや福祉ボランティア活動への積極的な学習と実践力を身につけた成果と捉えています。

　また、早急に災害ボランティアセンターを設置できた要因は、平成 28 年に実施した「災害ボランティアセンター設置・運営演習」での経験が活かされました。この演習は、県内から約 100 人の参加のもと災害ボランティアセンターの基本的な機能・役割を広く知ってもらうと同時に、大規模災害を想定した災害ボランティアセンターの設置・運営模擬訓練を通して、関係機関や地域の幅広い支援者と「福祉的な災害支援のあり方」をともに考え、検討することを目的としました。この演習により災害ボランティアセンター設置マニュアルの作成や組織体制・役割等の基本事項を構築するきっかけとなり、今回の災害支援実践に活かすことができました。

　社協としては、災害に備えてこのような取り組みを日常的に実施することに、大きな使命と役割があります。市町村社会福祉協議会は、今後も根幹事業である地域福祉の推進を強力に進めることが求められます。

表 1　総社市社協のこれまでの主な地域福祉活動

①地域福祉活動の推進	・地区社協活動・組織化（市内 14 地区による住民主体の福祉活動） ・福祉委員活動・組織化（市内 14 地区 583 人による見守り活動、福祉活動） ・ふれあいサロン活動（市内 223 か所）など
②福祉教育（福祉学習）の推進	・福祉学習（市内の小・中・高校生への職員派遣による福祉講座の実施） ・福祉教育セミナーの開催（住民、教職員等に福祉を学ぶ機会の提供） ・総社市内の高校生の社会貢献活動（高校生が地区社協等の地域福祉活動に参画）
③ボランティア活動の推進	・ボランティア連絡協議会の組織化 ・ボランティアセンターによるボランティア活動支援 ・夏のボランティア体験活動
④ボランティア養成講座の推進	・ジュニアボランティア養成講座（小学生を対象に福祉意識の高揚） ・災害ボランティア養成講座（平成 24 年より実施、登録者 111 人） ・災害支援ネットワーク会議（平成 28 年より実施） ・災害ボランティアセンター設置・運営演習の実施（平成 28 年 11 月 12 日） ・災害ボランティアフェスティバルの開催（令和 6 年 3 月、岡山県立大学で開催）
⑤被災地災害ボランティアセンターへ職員派遣	・東日本大震災（2011 年）、広島県土砂災害（2014 年）、熊本地震（2016 年）などの際、災害ボランティアセンターへ職員を派遣

［佐野　裕二］

8 南海トラフ地震など巨大地震への備え

　日本は災害大国です。プレート境界に位置する日本の特徴から地震が多発しています。世界で発生したマグニチュード6以上の地震回数（2011～2020）は1,443回で、この内日本では259回が発生し、全世界の17.9%（世界に占める日本の国土面積は0.25%）を占めています（国土交通省）。

　図1は、日本とその周辺で発生するすべての地震の位置・規模・確率に基づいて、今後30年間で震度6弱以上の揺れにどの程度の確率でどの程度揺れるのかを地図に示したものです。この図からは、日本全国どこを見ても少なからず震度6弱以上の揺れに見舞われる可能性があることが読み取れます。

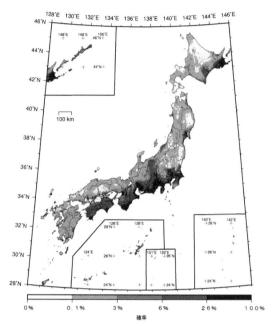

図1　確率論的地震動予測地図
出典：J-SHIS 地震ハザードステーション（https://www.j-shis.bosai.go.jp/maps-pshm-prob-t30i55#more-4499）

1　南海トラフ地震

　静岡県近海の駿河湾から日向灘沖までの2つのプレートが接する海底の溝状の地形区域を「**南海トラフ**」と呼んでいます。

　南海トラフ地震はここを震源に、繰り返し発生する地震です。この地震には2つの特徴があります。一つ目は、おおむね100～150年間隔で繰り返し発生している点です。二つ目は、発生の場所が一様ではない点です。

　元禄地震（1703年）と宝永地震（1707年）では駿河湾から四国沖の広い範囲で同時に地震が発生したり、富士山の噴火もありました。昭和東南海地震（1944年）では、2年後に昭和南海地震（1946年）が発生するなど、発生場所や発生の時間差などにも幅があったことがわかっています。

　内閣府（防災担当）では、南海トラフの巨大地震による被害を想定し、必要な対策を検討するため被害想定を公表しています。被害想定の結果、震度7の激しい揺れや10mを超える津波の発生、最悪のケースで死者は32万人を超え、経済被害は220兆円を超え

ると想定されています（内閣府「南海トラフ地震防災対策」）。

地震調査研究推進本部の長期評価によると、マグニチュード8〜9クラスの地震が今後30年以内に発生する確率は70〜80%（令和4年1月1日現在）とされています。

地震発生の切迫性が高まっていることは間違いありませんが、この被害数値は建物の耐震化や津波からの早期避難を行うことで大幅に減少させることができます。事前の地震防災対策への取り組みが求められています。

2 南海トラフ地震臨時情報

「南海トラフ地震臨時情報」は、南海トラフ沿いで異常な現象を観測された場合や地震発生の可能性が相対的に高まっていると評価された場合等に、気象庁から発表される情報です。この情報が発表された場合は、南海トラフ地震の発生が相対的に高まっているため、情報の種類に応じた対応行動が必要となります。

キーワード「巨大地震注意」が発表された場合は、自宅や職場で日頃行っている防災対策の点検を行います。また、災害発生後にはどのような対応をとる想定なのかを確認します。企業等は必要に応じて顧客や関係者にその内容を通知することで、両者で地震発生時の対応行動を確認することができます。

キーワード「巨大地震警戒」が発表された場合は、場所によっては避難が必要な場合があります。情報発表時の自治体からの呼びかけに注意し、危険を回避する防災対応をとる必要があります。

表1　情報の種類と発表条件

情報名	キーワード	情報発表条件
南海トラフ地震臨時情報 ※防災対応がとりやすいようキーワードを付して情報発表します	（調査中）	観測された異常な現象が南海トラフ沿いの大規模な地震と関連するかどうか**調査を開始した場合**、または調査を継続している場合
	（巨大地震警戒）	**巨大地震の発生に警戒が必要な場合** ※南海トラフ沿いの想定震源域内のプレート境界においてM8.0以上の地震が発生したと評価した場合
	（巨大地震注意）	**巨大地震の発生に注意が必要な場合** ※南海トラフ沿いの想定震源域内のプレート境界においてM7.0以上M8.0未満の地震や通常と異なるゆっくりすべりが発生したと評価した場合等
	（調査終了）	（巨大地震警戒）、（巨大地震注意）のいずれにも当てはまらない現象と評価した場合
南海トラフ地震関連解説情報		○観測された異常な現象の調査結果を発表した後の**状況の推移等を発表する場合** ○「南海トラフ沿いの地震に関する評価検討会」の定例会合における調査結果を発表する場合（ただし臨時情報を発表する場合を除く）

出典：気象庁（https://www.jma.go.jp/jma/press/1905/31a/20190531_nteq_leaflet.pdf）

参考文献
国土交通省（https://www.mlit.go.jp/river/toukei_chousa/kasen_db/pdf/2021/2-2-4.pdf）
内閣府・防災情報のページ「南海トラフ地震防災対策」（https://www.bousai.go.jp/jishin/nankai/）

［磯打 千雅子］

9 災害対策に関連する法律①
総論

　災害対策に関する法律は**3**項「我が国の防災対策の歴史」においても紹介しています
が、最も基本となる「**災害対策基本法**」を中心に、災害のフェーズ（発災前の予防対策、発
災後の応急対策、復旧・復興）、災害の類型（地震・津波災害、火山災害、風水害、地滑り・崖崩れ・

表1　主な災害対策関係法律の類型別整理表

類型	予防	応急	復旧・復興
	災害対策基本法	・災害救助法 ・消防法 ・警察法 ・自衛隊法 ・災害時等における船舶を活用した医療提供体制の整備の推進に関する法律	
地震 津波	・大規模地震対策特別措置法		
	・津波対策の推進に関する法律		<全般的な救済援助措置> ・激甚災害に対処するための特別の財政援助等に関する法律
	・地震防災対策強化地域における地震対策緊急整備事業に係る国の財政上の特別措置に関する法律 ・地震防災対策特別措置法 ・南海トラフ地震に係る地震防災対策の推進に関する特別措置法 ・首都直下地震対策特別措置法 ・日本海溝・千島海溝周辺海溝型地震に係る地震防災対策の推進に関する特別措置法 ・建築物の耐震改修の促進に関する法律 ・密集市街地における防災街区の整備の促進に関する法律 ・津波防災地域づくりに関する法律		<被災者への救済援助措置> ・中小企業信用保険法 ・天災による被害農林漁業者等に対する資金の融通に関する暫定措置法 ・災害弔慰金の支給等に関する法律 ・雇用保険法 ・被災者生活再建支援法 ・株式会社日本政策金融公庫法 ・自然災害義援金に係る差押禁止等に関する法律 <災害廃棄物の処理> ・廃棄物の処理及び清掃に関する法律
	・海岸法		<災害復旧事業> ・農林水産業施設災害復旧事業費国庫補助の暫定措置に関する法律 ・公共土木施設災害復旧事業費国庫負担法
火山	・活動火山対策特別措置法		・公立学校施設災害復旧費国庫負担法 ・被災市街地復興特別措置法 ・被災区分所有建物の再建等に関する特別措置法
風水害	・河川法 ・海岸法	・水防法	
地滑り 崖崩れ 土石流	・砂防法 ・森林法 ・地すべり等防止法 ・急傾斜地の崩壊による災害の防止に関する法律 ・土砂災害警戒区域等における土砂災害防止対策の推進に関する法律 ・宅地造成及び特定盛土等規制法		<保険共済制度> ・地震保険に関する法律 ・農業保険法 ・森林保険法 <災害税制関係> ・災害被害者に対する租税の減免、徴収猶予等に関する法律 <その他>
豪雪	・豪雪地帯対策特別措置法		・特定非常災害の被害者の権利利益の保全等を図るための特別措置に関する法律 ・防災のための集団移転促進事業に係る国の財政上の特別措置等に関する法律 ・大規模な災害の被災地における借地借家に関する特別措置法
	・積雪寒冷特別地域における道路交通の確保に関する特別措置法		
原子力	・原子力災害対策特別措置法		・大規模災害からの復興に関する法律

出典：『令和5年版 防災白書』附属資料6

表 2　省庁別主要災害関係法令

基本法・災害予防関係	内閣府	災害対策基本法（昭和 36 年）、大規模地震対策特措法（昭和 53 年）
	海上保安庁・環境省	海洋汚染・海上災害防止法（昭和 45 年）
	経産省・消防庁	石油コンビナート等災害防止法（昭和 50 年）
	国交省	砂防法（明治 30 年）、建築基準法（昭和 25 年）、河川法（昭和 39 年）、急傾斜地の崩壊災害防止法（昭和 44 年）、建築物耐震改修促進法（平成 7 年）、密集市街地防災街区整備促進法（平成 9 年）、土砂災害防止対策推進法（平成 12 年）、特定都市河川浸水被害対策法（平成 15 年）
	農水省	森林法（昭和 26 年）
	国交省・農水省	海岸法（昭和 31 年）、地すべり等防止法（昭和 33 年）
	国交省・農水省・総務省	豪雪地帯対策特措法（昭和 37 年）
	内閣府・農水省	活動火山対策特措法（昭和 48 年）
	内閣府、文科省	地震防災対策特措法（平成 7 年）
応急	厚労省	災害弔慰金法（昭和 48 年）
	消防庁	消防法（昭和 23 年
	国交省	水防法（昭和 24 年
	厚労省→内閣府（2013）	災害救助法（昭和 22 年）
復旧・復興	農水省	森林国営保険法（昭和 12 年）、農業災害補償法（昭和 22 年）、漁船損害等補償法（昭和 27 年）、漁業災害補償法（昭和 39 年）
	法務省	罹災都市借地借家臨時処理法（昭和 21 年）
	中小企業庁	中小企業信用保険法（昭和 25 年）、小規模企業者等設備導入資金助成法（昭和 31 年）
	国交省	公営住宅法（昭和 26 年）、鉄道軌道整備法（昭和 28 年）、空港法（昭和 31 年）、防災集団移転促進特措法（昭和 47 年）、被災市街地復興特措法（平成 7 年）
	文科省	公立学校施設災害復旧費国庫負担法（昭和 28 年）
	内閣府	激甚災害法（昭和 37 年）、被災者生活再建支援法（平成 10 年）
	財務省	地震保険法（昭和 41 年）
	消防庁	消防組織法（昭和 22 年
	海上保安庁	海上保安庁法（昭和 23 年
	警察庁	警察法（昭和 29 年
	防衛省	自衛隊法（昭和 29 年

土石流災害、豪雪災害、原子力災害）ごとに多様かつ細かく整備されており、所管する省庁も広範にわたります。

　これらの法令のうち、代表的なものを省庁別に整理したのが**表 2**です。防災や災害対応復旧対策はほぼすべての省庁にまたがって展開されていることがわかります。

［川上 富雄］

10 災害対策に関連する法律② 災害対策基本法

1 災害対策基本法の制定（1961 年）

　1959（昭和 34）年 9 月 26 日から 27 日にかけて、紀伊半島一帯、伊勢湾沿岸部、岐阜県などを伊勢湾台風が襲い、海抜 0m の人口集中地帯の 5,000 人余が犠牲となる台風史上最大級の被害を出しました。この災害への対応が教訓となり、1961（昭和 36）年に「災害対策基本法」が成立しました。

　3項「我が国の防災対策の歩み」でも触れたように、我が国の災害対策関係法規は、古くは 1880（明治 13）年 6 月に制定された「備荒儲蓄法」、同年 7 月制定の感染症に対処する「伝染病予防規則」、1897（明治 30）年 3 月に制定の土砂災害に対処する「砂防法」などがあり、戦後は 1947（昭和 22）年 10 月にいち早く制定された「災害救助法」、翌 1948（昭和 23）年 7 月制定の「消防法」、1949（昭和 24）年 6 月制定の「水防法」などがあります。しかし、これらはすべて単一の災害や被災者救援に関する法規であったため、これまでの災害関係の諸法律を原則として存置しつつ、従来の法律で不足していた部分を補塡し、かつ、これらの法律を有機的に関連づけ調整する目的で 1961（昭和 36）年に災害対策基本法が制定されました。

　同法は、防災に関する責務の明確化、防災に関する組織、防災計画、災害対策の推進、財政金融措置、災害緊急事態等「災害対策の 3 本柱＝予防、応急措置、復旧」の全般を網羅して定めていますが、とりわけ、減災に向けた予防対策や、災害後の体制・役割等について初めて触れた意義は大きいといえます。

2 1995（平成 7）年改正

　同法は、1995（平成 7）年の阪神・淡路大震災により、情報網の寸断や行政機能の麻痺、各種ライフラインの供給停止など都市機能の低下が生じたこと等を踏まえ、(1) 災害緊急事態の布告がなくても著しく異常かつ激甚な非常災害の場合には緊急災害対策本部を設置することができること、(2) 緊急災害対策本部長（内閣総理大臣）が指定行政機関の長等に指示をすることができること、(3) 非常災害対策本部及び緊急災害対策本部に現地対策本部を置くことができること、(4) 国及び地方公共団体は、自主防災組織の育成、ボランティアによる防災活動の環境の整備、高齢者・障害者等に特に配慮し、地方公共団体の相互応援に関する協定の締結に努めなければならないこと、(5) 市町村長は都道府県知事に対し自衛隊の災害派遣を要請することができること、などの改正が同年に行われました。

自然災害大国日本の過去・現在　**第 1 部**

　ちなみに、阪神・淡路大震災の教訓を踏まえて、災害対策基本法以外にも消防組織法の改正により**緊急消防援助隊**（発足は 1995 年）が法制度化されたり、1998 年に毎年全都道府県が拠出する基金から被災者に支援金が支給される**被災者生活再建支援法**も制定されています。

3　2013（平成 25）年改正

　さらに、2011（平成 23）年 3 月の東日本大震災を受けて、2013（平成 25）年に、① 大規模広域な災害に対する即応力の強化（発災時における積極的な情報収集、都道府県間の相互応援の円滑化に必要となる平素の備えの強化等）、② 住民等の円滑かつ安全な避難の確保（**避難行動要支援者名簿**の作成、支援物資の**プッシュ型支援**等）、③ 被災者保護対策の改善（市町村・都道府県外への広域避難に関する調整規定の創設）、④ 平素からの防災への取組強化（**地区防災計画作成**等）などの改正が行われました。

4　2021（令和 3）年改正

　また、2018（平成 30）年 7 月の西日本豪雨災害、同 9 月の台風 21 号、翌 2019（平成 31）年の関東・中部地方を襲った台風 15・19 号などにおいて、避難行動要支援者名簿の作成が対象者選定や避難支援等関係者間での活用などの課題を抱えていて、予防的効果を十分発揮できていないことが浮き彫りとなり、より実効性のある避難確保対策が急務となり、2021 年の同法改正において、①「避難勧告」と「避難指示（緊急）」は「**避難指示**」に一本化、② 広域避難受入れのための市町村協議の規定新設とともに、② 個別避難計画の作成が市町村の努力義務とされました。

　なお、避難行動要支援者名簿の作成、個別避難計画の作成については**19**・**20**項で詳述しています。

［川上　富雄］

11 災害対策に関する法律③ 発災後の支援に関する主要法令

1 災害救助法

　災害対策基本法が災害の予防、発災後の応急期の対応および災害からの復旧・復興の各ステージを網羅的にカバーしているのに対して、**災害救助法**は、発災後の応急期における応急救助対応に特化した法律といえます。戦前から続いていた罹災救助基金法を見直す形で 1947（昭和 22）年に災害救助法（厚生省所管）が制定されました。災害救助法は、「災害が発生し、又は発生するおそれがある場合において、国が地方公共団体、日本赤十字社その他の団体及び国民の協力の下に、応急的に、必要な救助を行い、災害により被害を受け又は被害を受けるおそれのある者の保護と社会の秩序の保全を図る」（第 1 条）ことを目的に、救助活動の主体は都道府県と位置づけ、市町村はその活動を補助する機関と位置づけました。

　その後、何度か改正を重ねて現在に至っています。また、2013 年には所管が厚生労働省から内閣府へ移管されました。

　2024 年 7 月 11 日、中部 9 県の知事と名古屋市長が集まる中部圏知事会議が 17 項目に及ぶ国への提言案の一つに能登半島地震を踏まえた災害対策として、災害救助法が適用される「救助の種類」に「福祉」を加えることを求めました。すでに災害派遣福祉チーム（DWAT）の避難所での活動については同法が適用されているものの、在宅や車中泊の要配慮者への支援は同法の対象外でした。同法の「救助の種類」（表 1 参照）に福祉が加えられれば、医療や助産などと同様に災害救助費が適用されることになります。

表 1　災害救助法における救助の種類

①避難所及び応急仮設住宅の供与、②炊き出しその他による食品の給与及び飲料水の供給、③被服、寝具その他生活必需品の給与又は貸与、④医療及び助産、⑤被災者の救出、⑥被災した住宅の応急修理、⑦生業に必要な資金、器具又は資料の給与又は貸与、⑧学用品の給与、⑨埋葬、⑩前各号に規定するもののほか、政令で定めるもの

出典：災害救助法第 4 条より

2 激甚災害法

　大規模な地震や台風など、著しい被害を及ぼした災害に適用され、国が被災者や被災地域に特別の助成や財政援助・復興支援を行うことを定めた「**激甚災害法**」（「激甚災害に対処するための特別の財政援助等に関する法律」の略称）が 1962（昭和 37）年に制定されまし

た。激甚災害に指定されると、国は災害復旧事業の補助金を上積みして、被災地の早期復旧を支援するとともに、当該災害による地方財政の負担を緩和します。地域を特定せず災害そのものを指定する「激甚災害指定基準による指定 (本激)」と、市町村単位での指定を行う「局地激甚災害指定基準による指定 (局激)」の2種があり、激甚災害指定基準に基づき、内閣府に置かれる中央防災会議が指定・適用措置の決定を行っています。これまで激甚災害に指定された主な災害として、1995年阪神・淡路大震災、2004年新潟県中越地震、2007年台風5号暴風雨災害、2011年東日本大震災、2018年西日本豪雨災害などがありますが、局激まで含めると毎年のように起こっている梅雨・台風等災害にも適用されています。

3 被災者生活再建支援法

　被災者生活再建支援法は、自然災害によりその生活基盤に著しい被害を受けた者であって経済的理由等によって自立して生活を再建することが困難な者に対し、都道府県が相互扶助の観点から拠出した基金を活用して被災者生活再建支援金を支給し、自立生活の開始を支援することを目的として1998 (平成10) 年に制定されたものです。1995年の阪神・淡路大震災において住宅を失った被災者から公的補償の実施を望む声がありましたが、私有財産に公費を投じる施策に根強い抵抗があり、当時の村山首相は「自然災害により個人が被害を受けた場合には、自助努力による回復が原則」であると発言していました (1995年2月24日衆議院本会議)。しかし、神戸市を中心とする全国的な住民運動を踏まえ議員立法により成立した制度です。

　制度の対象となる自然災害は、10世帯以上の住宅全壊被害が発生した市町村、自然災害により全壊100世帯以上の被害が発生した都道府県などであり、対象となる世帯は上記都道府県が指定した自然災害により、①住宅が**全壊**した世帯、②住宅が**半壊**、又は住宅の敷地に被害が生じ、その住宅をやむを得ず解体した世帯、③災害による危険な状態が継続し、住宅に居住不能な状態が長期間継続している世帯、④住宅が半壊し、大規模な補修を行わなければ居住することが困難な世帯 (**大規模半壊世帯**)、⑤住宅が半壊し、相当規模の補修を行わなければ居住することが困難な世帯 (**中規模半壊世帯**)、などとなっています。

　支援金額は被災の程度と再建方法により変動しますが、例えば、基礎支援金として、全壊・解体・長期避難の場合は100万円、大規模半壊の場合は50万円が支給されます。これに再建方法による加算支援金として建設・購入の場合200万円、補修の場合100万円、賃貸の場合50万円等が加算され、合計額が算出されます。市町村の窓口にて罹災証明、住民票、契約書等を備えて災害から一定期間内 (基礎支援金は災害発生から13日以内、加算支援金は同37日以内) に申請を行うこととされています。

[川上 富雄]

12 災害対策に関連する法律④
防災に関する主要法令

　この項では、災害関係法制の中でも、防災に関わる代表的な法制について取り上げ紹介します。

1 水防法

　水防は、洪水、雨水出水（内水）、津波、高潮に際して、水災を警戒し、防御し、これによる被害を軽減する活動であり、そのための仕組みを定めた法律が1949（昭和24）年に制定された「水防法」です。水防法では市町村に「**水防管理団体**」を、各地域に「**水防団**」を置き、(1) 河川等の巡視、洪水予報等、水位の通報および公表、(2) 浸水想定区域の指定、要配慮者利用施設利用者の避難確保に関する計画の作成、(3) 浸水被害軽減地区の指定、浸水被害軽減地区内の土地における土地の掘削、盛土、切り土等土地の形状を変更する行為の届出、(4) 水防団等の出動、その優先通行、警戒区域の設定・立入制限等、決壊後の処置、立ち退きの指示、などに取り組むこととしています。

　上記の「(2) 浸水想定区域の指定」（第14条）に基づき「浸水ハザードマップ」が作成公表されています。また、2013年の改正で「(2) 要配慮者利用施設利用者の避難確保に関する計画の作成」（第15条の3）が加えられ、浸水想定区域内にある要配慮者利用施設（社会福祉施設、学校、医療施設、その他）は**避難確保計画**の策定が義務づけられました。この計画の作成については、「**要配慮者利用施設における避難確保計画の作成・活用の手引き（洪水、雨水出水、高潮、土砂災害、津波）**」（令和4年3月　国土交通省 水管理・国土保全局）（右QRコード）を参照ください。

2 土砂災害防止法（土砂災害警戒区域等における土砂災害防止対策の推進に関する法律）

　2000年に制定された土砂災害防止法は、急傾斜地の崩壊、土石流、地すべり土砂災害から住民の生命を守るため、土砂災害のおそれのある区域について、(1) 危険の周知、(2) 警戒避難態勢の整備、(3) 住宅等の新規立地の抑制、(4) 既存住宅の移転促進、等のソフト対策を推進しようとするもので、この法律に基づき都道府県知事により土砂災害警戒区域の指定が行われています。

　同法施行令では、第2条「**土砂災害警戒区域（イエローゾーン）**」、第3条「**土砂災害特別警戒区域（レッドゾーン）**」に関する規定があり、それぞれに指定されると、要配慮者利

用施設の制限、土地開発の制限、建築構造の規制、土地売買時の説明義務などが課せられます。なお、同法第8条の2において、警戒区域内の福祉施設等の要配慮者利用施設の管理者等は、迅速な避難を確保するために、**避難確保計画**を作成、**避難訓練**の実施などが義務づけられています。

3 地すべり等防止法

この法律は、地すべりおよびぼた山の崩壊による被害を防ぎ、国土の保全と民生の安定に資するための法律で、1958（昭和28）年に制定されました。国が指定した「地すべり・ぼた山防止区域」においては、地すべりの発生を助長・誘発するおそれのある行為に制限が付けられます。また、都道府県が主体となり指定排水施設、擁壁、ダム、その他の地すべりを防止するための防止工事・施設管理を行うこととされています。

4 急傾斜地の崩壊による災害の防止に関する法律

この法律は、急傾斜地の崩壊による災害から国民の生命を保護するため必要な措置を講じ、民生の安定と国土の保全とに資することを目的に1969（昭和44）年に制定された法律です。地すべり等防止法と同様に、傾斜度が30度以上で都道府県が「**急傾斜地**」と指定された区域においては、崩壊を助長・誘発するおそれのある行為に制限が付けられます。また、都道府県が主体となり「急傾斜地崩壊防止施設」（擁壁、排水施設、その他）の管理および「急傾斜地崩壊防止工事」を行うこととされています。

5 砂防法

砂防法は、1897（明治30）年に砂防施設等に関する事項を定めた法律で、地すべり等防止法、急傾斜地の崩壊による災害の防止に関する法律と合わせて「砂防三法」と呼ばれています。また、河川法、森林法と合わせて「治水三法」と呼ばれることもあります。(1) 渓流や河川の縦横浸食・山腹の崩壊等により土砂等の生産、流送、堆積が顕著である（またはそのおそれのある）区域や、(2) 風水害、震災等により、渓流等に土砂等の流出・堆積が顕著であり、砂防設備の設置が必要と認められる区域として砂防指定地に指定された場合は、同法2条に基づき、砂防設備を要する土地または治水上砂防のために竹木の伐採や土石・砂礫の採取等一定の行為が禁止・制限されます。また、都道府県知事は砂防ダム等の砂防設備を設置し管理する義務を負います。

［川上 富雄］

13 防災計画の体系と行政組織

1 中央防災会議

　災害対策基本法第 34 条には、中央防災会議は**防災基本計画**を作成すると規定されています。中央防災会議は、内閣の重要政策に関する会議の一つとして、内閣総理大臣をはじめとする全閣僚、指定公共機関の代表者及び学識経験者により構成されています。その組織は、中央防災会議、幹事会、専門調査会からなり、①防災基本計画等の作成および推進、②非常災害時の緊急措置計画の作成および推進、③内閣総理大臣・防災担当大臣の諮問に対する審議、④防災に関する重要事項に関する意見具申などを所掌しています。

2 防災基本計画

　防災基本計画は、**中央防災会議**が作成する、我が国の防災対策に関する最上位計画で、防災体制の確立、防災事業の促進、災害復興の迅速適切化、防災に関する科学技術および研究の振興、各省庁が策定する防災業務計画および都道府県・市町村が策定する地域防災計画において盛り込む事項などを示しています。また、災害の種類ごとに講じるべき対策が挙げられており、さらには、災害予防・事前準備、災害応急対策、災害復旧・復興という災害対策の時間的順序に沿って記述されています。

　2024 年 6 月 28 日の防災基本計画改訂において、高齢社会対応として避難所における福祉的支援、在宅・車中避難者への配慮、災害ケースマネジメント体制構築などを総則に追記し、市町村に取り組みを促しました。

3 防災業務計画

　防災業務計画は、災害対策基本法第 36 条第 1 項の規定に基づき、指定行政機関（各省庁）および第 39 条第 1 項の規定に基づく指定公共機関（独立行政法人・国立研究開発法人、日銀、日赤、NHK、NTT、NEXCO、JR、日本郵便、石油会社などインフラに関わる団体・企業）が、防災基本計画に基づき、その所掌事務に関し作成する防災対策に関する計画です。各省庁や法人ごとに策定されていますので、各省庁・各団体ホームページで「防災業務計画」と検索していただければ参照できます。

4 地域防災計画

　地域防災計画は、都道府県（災害対策基本法第40条）および市町村（同法第42条）が、災害対策基本法に基づき、災害発生時の応急対策や復旧など災害に係わる事務・業務に関して総合的に定めた計画です。各都道府県および市町村の**地方防災会議**が、国の**防災基本計画**に基づいて、それぞれの地域の実情に即した計画を作成します。

5 地方防災会議

　地方防災会議は、災害対策基本法第14条から第17条に基づき地方公共団体に設置される会議で、都道府県防災会議と市町村防災会議があります。**地域防災計画**の作成及び実施の推進、災害時の情報収集、各機関の連絡調整、非常災害における緊急措置の計画及び実施の推進を行います。会議の役割として、特に地域防災計画策定は最重要事項です。

6 地区防災計画

　地区防災計画とは、地区居住者等により自発的作成される防災活動に関する計画で、2013（平成25）年の災害対策基本法改正（第42条3項、42条の2）によって位置づけられました。策定は任意で、策定の主体も自由です。地区防災計画の詳細については**23**項を参考にしてください。

7 災害関連法律の主な所管省庁

　9項「災害対策に関連する法律①―総論」でも紹介していますが、災害に関わる法令は多岐にわたり、それを所管する省庁も広範です。**16**項で災害対策は「自助・共助・公助の総力戦」と述べましたが、公助の中でも多くの省庁や関係団体にまたがる総力戦として取り組まれています。

表1　国・都道府県・市区町村・地域の組織と計画

行政レベル	国	各省庁・指定公共機関	都道府県	市町村	地域
会議	中央防災会議	各省庁・機関の災害対策連絡調整会議	都道府県防災会議	市町村防災会議	町内会・自治会／自主防災組織等
計画	防災基本計画	防災業務計画	都道府県地域防災計画	市町村地域防災計画	地区防災計画（任意）

［川上 富雄］

14 ハザードマップと防災マップ

「ハザードマップ」と「防災マップ」を混同している場面に出会うことがありますが、この2つのマップは、似て非なるものです。

1 ハザードマップ

ハザードマップは、災害の被害予測図のことで、「洪水」「内水」「高潮」「津波」「土砂災害」「火山」「ため池」「震度被害（ゆれやすさ）」などの災害種別ごとに市町村などで整備されています。ハザードマップは、地形や地盤の特徴、災害履歴等から、地震や洪水、土砂災害などの危険性を査定し、自然災害のリスクを可視化しており、さらに、被災想定

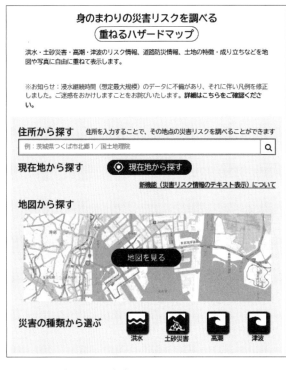

図1 ハザードマップポータルサイト
　　―身のまわりの災害リスクを調べる―

出典：国土交通省・国土地理院
　　　（https://disaportal.gsi.go.jp/）

区域や避難場所、避難経路などを表示しています。

　国（国土交通省）では、災害リスク情報や防災に役立つ情報を、全国どこでも重ねて閲覧できる Web 地図サイト（**重ねるハザードマップ**）や市町村が作成したハザードマップを見つけやすくまとめたリンク集（**わがまちハザードマップ**）を整備しています（https://disaportal.gsi.go.jp/）（**図 1** 参照）。災害種別ごとに作成されていますので、自分の暮す地域のハザードマップを確認してみましょう。

表 1　ハザードマップの種類

洪水ハザードマップ	水防法に基づき作成されています。大雨により堤防が決壊した時に、浸水の恐れがある範囲や浸水の深さを想定しています。
内水ハザードマップ	大雨で下水道の雨水排水能力を超え、雨を河川に放流できなくなり、水が地上にあふれ浸水する現象である内水の可能性を示します。
ため池ハザードマップ	平成 30 年西日本豪雨から、決壊した場合に周辺住民に被害を及ぼす恐れのある農業用ため池を対象に作成されることになりました。
高潮ハザードマップ	台風や発達した低気圧が海岸部を通過することによって生じる海水面が上昇する現象である高潮の可能性を示します。
津波ハザードマップ	甚大な津波被害が発生した 2011 年 3 月の東日本大震災をうけて整備された「津波防災地域づくりに関する法律」に基づき、作成されています。
土砂災害ハザードマップ	大雨により地盤がゆるみ山の斜面が崩れる現象で、土石流・地すべり・がけ崩れなどを引き起こす可能性を示します。1999 年の広島豪雨が契機となっています。
火山ハザードマップ	噴火が起きたときの災害のリスク（噴石の落下、火砕流・土石流、地すべり、火山性ガスの被害、火災など）と発生の想定エリアが記載されます。
地震ハザードマップ	阪神・淡路大震災から、大規模地震発生時のリスクを記載したもので、「ゆれやすさマップ」「地震危険度マップ」「液状化危険度マップ」があります。

2　防災マップ

　一方で、防災マップは、避難時に必要な情報をマップに落とし込んだもので、自然災害発生時にどう行動するのかを決めておくためのマップです。災害発生時の避難経路や避難場所、公共施設や防災施設などの情報を集約した地図のことで、住民が自ら考え、現状を確認しながら作る必要があります。防災マップはハザードマップの情報を基にして作成しますが、安全に避難するために必要な情報として作成されるもので、災害種別ごとには作られません。

　自分たちが安全に避難するための情報として、「避難経路や障害物」、「避難場所（自宅からの所要時間）」、「消防設備や防災設備」、「救命用具の設置場所」などを記載し、日頃から確認しておきましょう。防災マップを整備しておくことで、災害時に迅速で適切な避難行動を取ることができ、災害時の被害を最小限に抑え、地域住民の生命や財産を守ることができます。

［中井 俊雄］

15 建物や設備の災害対策

1 建物の耐震化の必要性

　1981（昭和56）年より以前に建てられた建物は、**建築基準法**に定める耐震基準が強化される前の、いわゆる「**旧耐震基準**」によって建築されており、耐震性が不十分なものが多く存在します。この場合は、専門家による**耐震診断**を実施し、耐震性があるかどうか把握が必要です。その結果、耐震性が不十分であった場合には、耐震改修や建て替えなどの検討が必要になります。耐震診断や改修は、多くの自治体で支援制度を設けています。

令和6年能登半島地震の被害状況（2024.2.5 筆者撮影）
写真中央左の住宅は比較的新しく被害が軽微だが、写真中央右は崩壊している

　建物が耐震化されていれば、地震発生後も元の場所で生活や事業を継続できる可能性が高まります。逆に、耐震化がなされていなければ、建物によって人が亡くなるなどの甚大な被害が発生します。

　建物の耐震化は、命を守るうえで最も大切な対策です。

2 家具や什器、設備の対策

　建物と同様、住宅の家具や職場の什器・設備にも対策が必要です。建物の耐震化がなされていて倒壊を免れたとしても、身近な家具や什器が転倒し被害にあってしまっては元も子もありません。

　まずは、レイアウトを見直し、普段人がいる場所には家具や物が「倒れてこない、落ちてこない、飛んでこない」ようにします。レイアウトでどうしても解消できない場合は、収納している物の場所を変えます。重いものはなるべく下部に、軽いものを上部に収納します。また、家具や什器を備え付けにしたり、壁に固定する対策も有効ですし、人の目線より高い家具や什器を置かないようにすることでも安全性が高まります。

　浸水が想定される立地の場合には、濡れては困るものは想定水位よりも上に置くようにします。**ハザードマップ**で浸水の深さを確認し、壁にマスキングテープなどでその高さに

印をつけておくと、日常でも浸水から家具や什器・設備を守る行動をとりやすくなります。

3　居住地や事業所の地域特性の確認

　立地場所の災害に対する脆弱性を把握することで、必要な対策を検討することができます。着眼点は、立地場所がもともとどのような成り立ちでできた土地なのかという点です。

図1　最新の地図に治水地形分類図を重ねて表示
出典：地理院地図を利用して筆者作成

　国土地理院のウエブサイトでは、過去から現在の時系列的な航空写真や土地の成り立ちに関する情報が多数掲載されています。

　また、立地場所の地名も参考になります。「沖、沼、池」などサンズイがつく漢字や「川、泉、貝」は水辺に由来しています。「谷、沢、溝、堀」は低地に由来しています。現在は整備されていても、このような地名の場合は過去に川や谷だった場合があり、地盤が弱い可能性があります。

4　過去の災害履歴の確認

　地域の資料館や図書館には、「○○町史」などのまちの歴史を記録した書籍があり、過去にどのような災害があったのかも記されています。過去に起きた災害は今後も発生する可能性があります。立地場所に昔から住んでいる方に話を聞くのも有効です。

　また、自治体のウエブサイトでも過去の災害の履歴が公開されていますので、参考になります。

5　ハザードマップの確認

　ハザードマップは、立地場所の自治体から各家庭に配布されていますし、ウェブサイトでも公開されています。「**重ねるハザードマップ**」では、全国の情報を閲覧することができます。住所を入力すると、その場所の災害リスクや必要な対策が表示されます。

15 建物や設備の災害対策

　ここで確認すべきは、「立地場所が浸水するかどうか」だけではありません。浸水する深さによって受ける被害は変わってきます。図2は浸水の深さから想定される発生する被害の目安です。

　床上浸水に相当する浸水50cm〜70cmで停電が発生、電話が使用不可になり、100cm〜140cmで携帯電話やガスが使用できなくなります。また、3mを超えると高齢者の死亡率が高まります。

　このように、立地場所とその周辺の浸水と、想定される被害を考えることで、必要な対策を具体的に考えることができます。

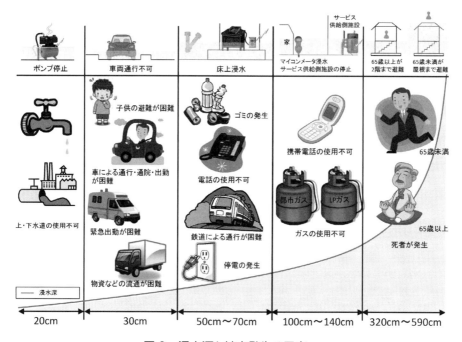

図2　浸水深と被害発生の目安
出典：国土交通省（2013）「水管理・国土保全局：水害の被害指標分析の手引（H25試行版）」

［磯打　千雅子］

2

平時における防災活動

16 自助・共助による防災活動の必要性

　ベン・ワイズナーは2004年に著書 At risk : natural hazards, people's vulnerability and disasters（我が国では岡田憲夫監訳『防災学原論』築地書館、2010として出版）の中で「被災規模はハザードと脆弱性の関係で決まる（Disasters occur when hazards meet vulnerability.）」という「災害リスクの減圧―増圧モデル」を提起しています。これは、文字通り、災害リスク（Risk／Disaster：いわゆる被災規模や犠牲者の多さ）は、ハザード（Hazards：災害）の種類や場所や大きさや季節や時刻に対して、脆弱性（Vulnerability／⇔抑止力）がどれくらいか、つまり、どれだけ備えをしているか、打たれ強いか弱いかによって決まってくるというものです（図1参照）。自然現象である加害力のマグニチュードがどれだけ大きくても、人間社会側の対抗能力が大きければ、災害（Risk／Disaster）にはならないという理論です。逆に、人々を死に追いやってしまう機序（＝災害に備えない理由）とは何か。何が人間社会を自然災害に対して「脆弱」にしているのかを問うているのです。

　発災前（平時）の防災の取り組みも発災後の救助・救援復旧・復興も、自助・共助・公助の総力戦です。防災は、単なる一特殊分野の専門家や国や自治体にゆだねられる事業ではありません。社会全体に関連する根源的な問題を含む取り組みであり、個人・世帯としての取り組みや努力（＝自助）、コミュニティや社会的組織・NPOなどによる取り組みや営み（＝共助）と、公助である国や自治体のさまざまな取り組みが相まって力を発揮するものです。

　発災前後における自助・共助・公助の役割は図2のとおりですが、とりわけ、発災前（平時）における自助の取り組みは命に関わる大切な営みといえます。家屋の補強や家具の

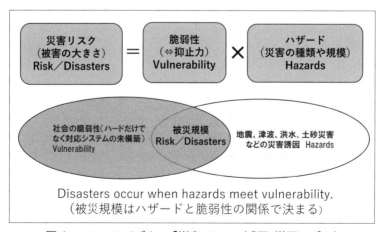

図1　ベン・ワイズナー「災害リスクの減圧‒増圧モデル」
出典：ベン・ワイズナー著、岡田憲夫監訳（2010）『防災学原論』築地書館、pp.55-56より筆者図式化

固定などは公助で行えることではなく、国民一人ひとりが防災意識に基づき自己責任において取り組む自助の営みといえます。また、被災後のQOL（生活の質）を確保するために、備品や備蓄食料を確保したり、保険に加入して備えます。

同様に、地域においても、ご近所の顔の見える関係性の中で、命を守るためにお互いに安否確認を行い救出・救助をしたり、被災後のQOLを確保するために、避難場所の環境整備、防災倉庫や避難所に備える備品・備蓄食料の確保などが求められます。これらの対策を**地区防災計画**として整理し、実効的な防災避難訓練などと合わせて取り組む共助が大切です。

大規模広域自然災害が起こった際には、消防も救急も自衛隊も「あなたのために最優先で」は駆けつけてはくれません。「消防や自衛隊がすぐに私を助けに来てくれるだろう」と公助をあてにされている方は、これまでの大規模自然災害の救出支援の実態・実情を学び、考え方を改める必要があるでしょう。1995年の阪神・淡路大震災では、地震によって倒壊した建物から救出され生き延びることができた人の約95%が、自力や家族や近所の住民等によって救出されており、消防、警察および自衛隊によって救出された者は1.7%であるという調査結果があります（『平成26年版 防災白書』図表2より）。

命は取り返しがききません。まずは命を守るために、自身や家族の安全を確保するために、できる限りの備えを自身でしておくことと、発災時の安否確認や避難協力の方法など地域の人たちと学び合い、話し合い、取り決めておくことなど、平時における自助や共助の取り組みがとても大切となるのです。その次に、被災生活のQOLを確保するために、自分でできること、地域で一緒に備えておくことを話し合い、取り決め、備えておくことが大切となるのです。

命は取り返しがきかない。
命を守るために大切なのは
いかに備えておくかである

発災前（平時）＝防災対策

- ■ **自助**・・・家屋強靭化・引越、個別避難計画、備蓄、保険加入
- ■ **共助**・・・近所づきあい・孤立防止、地区防災計画、防災避難訓練、備蓄
- ■ **公助**・・・国土強靭化、行政・公共施設の防災計画、建築基準等法

発災後　＝救助・支援・復旧復興

- ・**自助**・・・安全確保避難、家族安否確認、避難生活、生活再建
- ・**共助**・・・近隣住民や要援護者の安否確認・救出、避難所運営、コミュニティの再構築・孤立防止
- ・**公助**・・・災害派遣・被災者支援、各種法令執行（災害救助法・激甚災害法・被災者生活再建支援法等の適用）、復旧・復興

図2　防災・減災は自助・共助・公助の総力戦

［川上 富雄］

17 災害時における要支援者対策の動向

「東日本大震災における障害のある人の被災状況と支援活動〜JDFみやぎ支援センターの取り組みを通じて〜」（2011年4月、警察庁まとめより引用）によると、2011年東日本大震災では、2万人を超える犠牲を出しましたが、死者・行方不明者のうち、60歳以上が65.2％、70歳以上は46.1％を占めていたとのことです（図1参照）。さらに、3,775名の震災関連死（移動・避難所・車中泊等での衰弱死）の89％が高齢者であったことから、災害弱者支援策の遅れや課題が明らかになりました。また、同報告書によると「障害のある人の死亡が確認された自治体で、住民全体の死亡率と障害のある人の死亡率を比較してみた。その結果、住民全体の死亡率に比べて、障害のある人の死亡率は約2.5倍に及んでいた」とのことです。

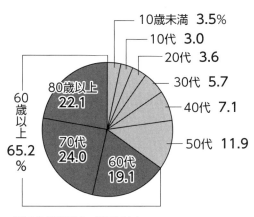

(注) 年齢判明分対象。警察庁まとめ

図1 被災3県死者の年齢別内訳
（岩手、宮城、福島の合計）

これを受け、2012年に「災害時要援護者の避難支援に関する検討会」が設置され、その検討結果を踏まえ、2013年に**災害対策基本法が改正**されました（**10**項も参照）。この改正では、**避難行動要支援者名簿作成が市町村の義務**とされるとともに、地域・コミュニティの中で自主的に地区防災計画を策定推奨することが規定されました。同時に、「**避難行動要支援者の避難行動支援に関する取組指針**」（以下「取組指針」）が策定されました。

しかしながら、災対法第49条の13に「名簿情報の提供を受けた者（その者が法人である場合にあっては、その役員）若しくはその職員その他の当該名簿情報を利用して避難支援等の実施に携わる者又はこれらの者であった者は、正当な理由がなく、当該名簿情報に係る避難行動要支援者に関して知り得た秘密を漏らしてはならない。」との規定が入り、さらに、「取組指針」(p.57) においても「名簿情報の提供を受けた者が、災害時に、避難行動要支援者の避難支援等に必要な応援を得るため緊急に名簿情報を近隣住民等に知らせるような場合は、「正当な理由」に該当すると考えられるため、災対法における守秘義務違反には当たらない。なお、避難支援等の応援を得ることを目的とした場合であっても、<u>災害が現に発生していない平常時から他者に名簿情報を提供することは、「正当な理由」に該当しない</u>」（平成25年通知Ⅳ5（5）①）との見解が示されたため、**個人情報保護上の懸念**が残り、名簿提供を受けた地域の役職者や**民生児童委員**もこれを活用して災害に備える

平時における防災活動　第2部

取り組みを進めることが難しかったと思われます。

　こうした状況下で2018年7月に起こった**西日本豪雨災害**では、記録的な降雨量と長雨により、長野県以西のすべての県で広域的かつ同時多発的に水害や土砂災害などの被害を受けましたが、とりわけ、広島・愛媛・岡山の3県では220人を超える犠牲者を出しました。その一つである**岡山県倉敷市真備町**の例を紹介します。

　岡山県発行の「平成30年7月豪雨災害記録誌」によると、倉敷市真備町の死者（災害関連死を除く）51人のうち、88.2％に当たる45人が65歳以上であり、86.3％に当たる44人が自宅で亡くなっていました。また、要介護・要支援者が36.5％（19人）いました。「平成29年度介護保険事業状況報告（年報）」（厚生労働省）によると、平成29年度末における要介護・要支援認定者数は641万人で全人口（126,502千人）に占める割合は5.1％であり、これに比べ非常に高い数値（5.1％対36.5％＝約7倍）となりました。同災害同地区における犠牲者のうち、身体障害者が23.1％（12人）いました。『平成30年版　障害者白書』（内閣府）によると、身体障害者数は436万人で、全人口（126,529千人）に占める割合は3.4％であり、この場合も、数値が非常に高くなっていました（3.4％対23.1％＝約7倍）。

　このように、東日本大震災と同じ傾向がみられ、災害時の死者の多くが「避難の自力判断が出来ない人・遅れる人」「身体的に自力避難することが困難な人」であり、「一緒に避難しようと手を差し伸べてくれる人のいない社会的孤立度の高い人」でした。これらの方々は**介護支援専門員**、**地域包括支援センター**、相談支援専門員、場合によっては生活保護ケースワーカーなど担当専門職が付いていたはずの福祉サービスの利用者でもありますが、専門職は平時の利用者の日常生活を支える福祉サービス提供支援はできても、災害発生時に利用者＝避難行動要支援者として命を守る支援にまで想像力と手が回らなかったことが改めて大きな反省として指摘されました。さらに翌2019年には令和元年台風15・19号に見舞われ、同様の被害を出したことから、2020年に「令和元年台風19号等を踏まえた高齢者等の避難に関するワーキンググループ」が設置されました。その検討結果を踏まえて2021年に**災害対策基本法が再改正**され、「取組指針」も再改訂されました。この改正では、「避難行動要支援者名簿」が地域でうまく活用されていないことを踏まえて、避難行動要支援者名簿掲載者を中心に一人ひとりの災害時避難支援計画である**個別避難計画**の策定が市町村に努力義務化されました。また同年には、厚労省による「**介護施設・事業所における業務継続ガイドライン**」が制定され、内閣府による「**福祉避難所の確保・運営ガイドライン**」の改訂も行われました。

　しかし、個別避難計画の策定はまだまだ途上にあり、そうした中で2024年元旦に起きた能登半島地震では、石川県から発表された犠牲者（氏名・年齢公表者）129人のうち99人（76.7％）が65歳以上でした（2024.1.25石川県発表資料）。もともと能登半島は高齢化率45％程度でしたが、それを大きく上回る犠牲率であり、個別避難計画の早急な策定が急がれます。

［川上 富雄］

18 災害時要援護者の避難支援ガイドライン

　2004（平成16）年の梅雨前線豪雨や台風において、①防災・福祉部局の連携不十分、②要援護者や避難支援者への避難勧告等の伝達体制が未整備、③要援護者情報の共有が進んでいない、④要援護者の避難支援者が定められていない、⑤避難行動支援計画・体制が具体化していない、などの問題点が指摘されました。これを受け2005（平成17）年に内閣府・総務省（消防庁）・厚生労働省の共管で設置された「災害時要援護者の避難対策に関する検討会」の検討成果として2006（平成18）年3月に取りまとめられたものが「災害時要援護者の避難支援ガイドライン」(右QRコード) です。

　その要点の一つ目は、要援護者や避難支援者への避難勧告等の伝達体制が十分に整備されていなかったことを受けて、防災と福祉の庁内連携を提案したことです。具体的には、福祉関係部局を中心とした横断的な組織として「**災害時要援護者支援班**」を設置し、平常時には要援護者情報の共有化、避難支援プランの策定、要援護者参加型の防災訓練の計画・実施、広報等に取り組み、災害時には、避難準備情報等の伝達業務、避難誘導、安否確認・避難状況の把握、避難所の要援護者班（仮称・後述）等との連携・情報共有に取り組むとしました。災害時要援護者支援班は、社会福祉協議会、民生児童委員、福祉サービス提供者、障害者団体、消防団、自主防災関係者など町外の福祉防災関係者との連携体制を構築しておくことも提案しています。

　二つ目には**自助と共助の情報共有**を、そして三つ目には**個別避難計画の作成**を提案したことです。要援護者支援は地域（近隣）の共助を基本とし、市町村は要援護者の状態を平常時から収集管理し、一人ひとりの要援護者に対して複数の避難支援者を定める等、具体的な避難支援計画（以下「避難支援プラン」と称する）を策定しておくことが必要と提案し、避難支援プランの様式例も示しています。また、**避難支援プラン作成**においては、防災だけでなく、声かけ・見守り活動や犯罪抑止活動等、地域における各種活動を通じて人と人とのつながりを深めるとともに、要援護者が自ら地域にとけ込んでいくことができる環境づくりが図られるよう地域防災力と地域福祉力の強化を図るよう提言しています。

　四つ目は、避難準備情報等の発令・伝達について市町村の役割を明確化するとともに「要援護者を支援するための専用の通信手段の構築やインターネット（電子メール、携帯メール等）、災害用伝言ダイヤル「171」、災害用伝言板サービス（携帯電話を使用した安否確認サービス）、衛星携帯電話、災害時優先電話、公衆電話、簡易無線機等のさまざまな手段を活用すること」とICT活用も含めた**多様な情報発信手段**を確保しておくことを提案しています。

　五つ目には、発災後の避難所に**要援護者班を設置**するよう指南している点です。市町村の災害時要援護者支援班等が中心となり、自主防災組織や福祉関係者、そして避難支援者

の協力を得つつ、各避難所に要援護者班（仮称）を設け、各避難所内に要援護者用の窓口を設置し、相談対応、情報提供、物資の提供などにあたるよう提案しています。その際に、女性や乳幼児のニーズを把握するため、窓口には女性を配置することも提案しています。各避難所の要援護者班は、対応できないニーズ（例：介護職員、手話通訳者等の応援派遣、マット・畳等の物資・備品の提供）を把握した場合には、市町村の災害時要援護者支援班に迅速に要請することとしています。

　六つ目は**福祉避難所**の確保に関する提案です。「介護保険関係施設における要援護者の受入には限界があり、緊急入所できない者のために福祉避難所が必要となる」と、ガイドラインが取りまとめられた 2007 年の段階では、福祉施設ではない「公的な宿泊施設、民間の旅館、ホテル等の借り上げや、応急的措置として、教室・保健室を含め、一般の避難所に要援護者のために区画された部屋を「福祉避難室」（仮称）として対応」することも視野に入れた福祉避難所設置を想定しています。福祉避難所は、「おおむね 10 人の要援護者に1 人の生活相談職員（要援護者に対して生活支援・心のケア・相談等を行ううえで専門的な知識を有する者）等の配置、要援護者に配慮したポータブルトイレ、手すり、仮設スロープ、情報伝達機器等の器物、日常生活上の支援を行うために必要な紙おむつ、ストーマ用装具等の消耗機材の費用について国庫負担を受けることができること」と要件を定めています。

　七つ目には、福祉サービス事業者との連携により、発災後も福祉サービスが継続的に提供されるよう緊密な連携体制を構築しておくことです。

　八つ目は、発災後の避難所等での要援護者に対する医療の確保、健康状態の把握、トイレ・階段等への手すり設置等のさまざまな支援活動を担う、医師、保健師、看護師、薬剤師、社会福祉士、介護福祉士、福祉関係者等の確保・広域的（都道府県、国等）な派遣要請の仕組みを検討しておくことを提案しています。今日の DMAT（災害医療支援チーム）、DPAD（災害保健支援チーム）、**DWAT**（災害福祉支援チーム）、DCAT（災害介護支援チーム）や、災害ケースマネジメントにつながる提案といえます。

　九つ目には、発災後の**要援護者避難支援連絡会議**（仮称）の設置を提案していることです。発災後被災地にはさまざまな人的・物的資源が集結するため、積極的に情報共有を図り、効率的かつ効果的な支援活動を各関係機関等が実施することが重要となります。そこで、市町村は、要援護者避難支援連絡会議（仮称）を適宜開催し、関係機関等の支援活動の実施状況や人的・物的資源の状況、避難所等における要援護者のニーズを把握し、共有すること、ボランティアとの連携などを提案しています。

　このように、このガイドラインは、後に具体的な施策化がなされ今日の防災福祉対策につながる重要な提案がほとんど網羅的に行われており、その後の避難行動要援護者、要配慮者対策の方向性を示唆した重要な提言書といえます。

　なお、このガイドラインを受け、翌 2007 年に「災害時要援護者対策の進め方について〜ガイドラインのポイントと先進的取り組み事例〜」が取りまとめられ、ガイドラインの具体的な取り組み方や実施事例の紹介がされました。

［川上 富雄］

19 避難行動要支援者名簿

　東日本大震災の教訓として、障害者、高齢者、外国人、妊産婦等の方々について、情報提供、避難、避難生活等さまざまな場面で対応が不十分な点があったことを踏まえ、こうした方々の発災時の支援に係る名簿の整備・活用の必要性が叫ばれ、2013年の災害対策基本法改正により、災害時に自ら避難することが困難な高齢者や障害者等の避難行動要支援者について、**避難行動要支援者名簿**を作成することが市町村の義務とされました。

> 【災対法第49条の10】
> 　市町村長は、当該市町村に居住する要配慮者のうち、災害が発生し、又は災害が発生するおそれがある場合に自ら避難することが困難な者であって、その円滑かつ迅速な避難の確保を図るため特に支援を要するもの（以下「避難行動要支援者」という。）の把握に努めるとともに、地域防災計画の定めるところにより、避難行動要支援者について避難の支援、安否の確認その他の避難行動要支援者の生命又は身体を災害から保護するために必要な措置（以下「避難支援等」という。）を実施するための基礎とする名簿（以下この条及び次条第一項において「避難行動要支援者名簿」という。）を作成しておかなければならない。

　避難行動要支援者名簿に掲載される情報は、①氏名、②生年月日、③性別、④住所または居所、⑤電話番号その他連絡先、⑥避難支援等を必要とする事由（1）障害、要介護、難病・小慢、療育の種別、（2）障害等級、要介護状態区分、療育判定等、⑦その他市町村長が必要と認める事項などとされています（法第49条の10の2項）。

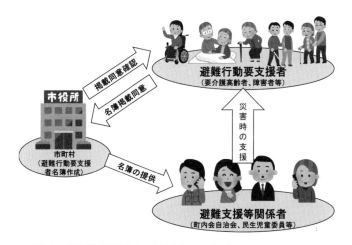

図1　「避難行動要支援者名簿」　作成・活用のフロー図

平時における防災活動　第**2**部

　名簿掲載の対象者は、「高齢者や障害者のうち、災害時に自ら避難することが困難であり、その円滑かつ迅速な避難の確保を図るために特に支援を要する者の範囲」で、市町村が要件を設定することとされましたが、内閣府が示した参考基準である「要介護3以上、身体障害者手帳1種1・2級所持者」が大半の市町村でそのまま要件設定されることとなりました（当時）。さらには、「名簿情報を提供することについて本人の同意」（第49条の11の2項）を必要とするため、本人同意の手続きを経て名簿が作成されました。これらの手続きの中で、一律の対象者基準の設定や本人の理解力や受援要請力を十分考慮しない画一的な同意手続きなどにより、名簿掲載の網の目から漏れる要援護者の方々も多かったと考えられます。

　また、名簿は、「避難支援等の実施に必要な限度で、地域防災計画の定めるところにより、消防機関、都道府県警察、民生委員法（昭和23年法律第198号）に定める**民生児童委員**、社会福祉法（昭和26年法律第45号）第109条第1項に規定する市町村**社会福祉協議会**、**自主防災組織**その他の避難支援等の実施に携わる関係者（次項において「**避難支援等関係者**」という。）に対し、名簿情報を提供するものとする」（法第49条の11の2項）とされました。しかし、名簿を受け取った地域代表者や民生児童委員など避難支援等関係者も**個人情報保護法**との整理が不十分な中で、不用意に地域住民に公開したり共有することもできず、事実上の「棚晒し（たなざらし）」状態になったままで、地域の中での名簿掲載者の支援体制づくりがなかなか進みませんでした。

　例えば、「**避難行動要支援者の避難行動支援に関する取組指針**」（**20**項参照）には名簿掲載の個人情報取り扱いへの配慮として、発災後の緊急時に住民間で公表共有することは認められるが、災害が発生していない平時においては公表や共有をすることは認められない（下記参照）と解せる説明になっており、地域代表者や民生児童委員等に戸惑いと委縮を与えてしまったと考えられます。

名簿情報の提供を受けた者が、災害時に、避難行動要支援者の避難支援等に必要な応援を得るため緊急に名簿情報を近隣住民等に知らせるような場合は、「正当な理由」に該当すると考えられるため、災対法における守秘義務違反には当たらない。なお、避難支援等の応援を得ることを目的とした場合であっても、<u>災害が現に発生していない平常時から他者に名簿情報を提供すること</u>は、「正当な理由」に該当しない（平成25年通知Ⅳ5（5）①）　　　　（「避難行動要支援者の避難行動支援に関する取組指針」p.57）

　避難行動要支援者名簿制度の内容および、その課題について取り上げましたが、これらの課題については2021年の法改正および「避難行動要支援者の避難行動支援に関する取組指針」の改訂において大幅に改善されています。例えば、名簿掲載対象者要件の設定についても、現在では、重度知的障害者や難病患者・在宅療養患者など広範な対象者像が例示されるようになりました。

［川上 富雄］

20 個別避難計画

1 個別避難計画とは

　個別避難計画とは、2021年の災害対策基本法の改正により、**避難行動要支援者**（災害発生時に自ら避難することが難しい一人暮らしの高齢者や要介護者、障害者等）が、どのような避難行動をとればよいのか、あらかじめ本人や家族、**ケアマネジャー**、近隣住民らとともに確認し作成する、一人ひとりの状況に合わせた個別の避難支援等に関する行動計画のことです。この計画の作成は、市長村の努力義務として求められています。

　個別避難計画には、**避難行動要支援者名簿**に記載されている情報に加え、「発災時に避難支援を行う者」「避難支援を行うに当たっての留意点」「避難支援の方法や避難場所、避難経路」「本人が不在で連絡が取れない時の対応」などの情報を記録しておきます。

(1) 策定方法等

　「避難行動要支援者の避難行動支援に関する取組指針」（令和3年5月改定）によると、①市町村が、②コーディネーター（民生委員や社会福祉協議会、自主防災組織や自治会、福祉事業者等）に、③避難行動要支援者と④避難支援等関係者の打合せの調整、役割分担などの調整をしていただき、策定を進めるものだとしています。そのうえで、どの④避難支援等関係者が③避難行動要支援者を担当するかは、②コーディネーターが、地域の実情を踏まえながら、一人の③避難支援等関係者に役割が集中しないことや、年齢、特性に配慮しつつ、適切に役割分担し、調整するとしています。

内閣府「取組指針」案内ページ

(2) 策定の優先度

　個別避難計画策定の対象者選定にあたっては、「地域におけるハザードの状況（洪水・津波・土砂災害等への危険度の想定）」や「避難行動要支援者本人の心身の状況、情報取得や判断への支援が必要な程度」「独居等の居住実態、社会的孤立の状況」により、優先度を判断し、優先度順に策定するべきだとされています。

平時における防災活動　第**2**部

2　個別避難計画の作成手順

　個別避難計画は、地域調整会議において、地域のハザードの状況や本人、家族の状況を確認（アセスメント）したうえで、次は「災害時等にどう行動すべきなのか」具体的な検討段階に移ります。その際、本人への声掛けや一緒に逃げてもらえる人（避難等支援実施者）の候補者を探さなければなりません。この他に、避難先候補施設等に、避難の受入れが可能かどうかの確認も必要です。具体的手順は**表1**のようになります。

表1　個別避難計画のプロセス（手順）

① 市町村等が保有する情報を基に、個別避難計画に必要な情報を記入

② 避難行動要支援者に制度の概要や記載事項等を説明し、計画作成への同意を確認

③ 避難行動要支援者に「避難先」や「避難支援等実施者」等の意向を確認

④ 避難行動要支援者に個別避難計画情報の平常時の外部提供についての同意を確認

⑤ 避難行動要支援者に個別避難計画（素案）の訂正、追記等を依頼

⑥ 福祉や医療関係者等が、本人と避難について対話し、意見交換

⑦ 関係者（地域住民、福祉・医療関係者、防災関係者、避難等支援実施者など）が一堂に会する地域調整会議の開催（望ましい）

⑧ 本人の心身の状況等によっては、本人宅で情報共有、調整を行うことを検討

⑨ 本人の意向を踏まえ、地域の関係者や避難予定先施設等と調整や検討

⑩ 必要事項を記入した個別避難計画を本人が確認

⑪ 個別避難計画の作成完了

　このプロセスに至る事前段階として、市町村役場内の推進体制の整備や合意形成、対象地区や対象者などの選定、関係者への説明や研修、**地域調整会議**の開催などが必要です。

　また、この計画は、作成したら終わりではありません。実効性を確保するために、作成後に、避難支援等関係者へ**個別避難計画**の情報を提供することや、定期的に計画を更新すること、本人の状況等に応じた訓練の実施等を継続的に行うことが必要です。

　避難のための個別計画なので、ふだんの暮らし（医療・福祉サービス、家族構成、交友関係……）や能力（できる・できない、得意・苦手……）、居所の災害リスク、避難場所等までの経路、避難手段、避難場所等での配慮事項等の情報を、本人と福祉専門職、地域で共有する必要があります。情報を共有することで、ふだんの交流が広がり、地域コミュニティの中で「記録」から「記憶」へ変化させ、「行動」へつながる、実効性のある取り組みにしていかなければなりません。

［中井　俊雄］

21 障害者差別解消法と合理的配慮

　誰もが、障害の有無によって分け隔てられることなく、お互いの人格と個性を尊重し合える社会を共生社会と言います。共生社会を実現するためには、**社会的障壁**（日常生活や社会生活において障害者の活動を制限したり、社会への参加を制約したりしていること）を取り除いていかなければなりません。災害時の対応を考えると、より積極的な取り組みが求められます。

　なお、共生社会の実現に向けて、2024年4月に「**改正障害者差別解消法**」が施行され、事業者に「**合理的配慮**」の提供が義務づけられました。ここでは、この法律の趣旨や「合理的配慮」の提供について、内閣府が作成したリーフレット「令和6年4月1日から合理的配慮の提供が義務化されました」を基に要約紹介します。

内閣府の右記 QR コードの案内サイトにて、リーフレットの全体データ、テキストデータ、点字データ、大活字版がダウンロードできます。

図1　内閣府作成リーフレット

1 「障害者差別解消法」とは

　「障害者差別解消法」（正式名：障害を理由とする差別の解消の推進に関する法律）では、行政機関等及び事業者に対し、障害のある人への障害を理由とする「不当な差別的取扱い」を禁止し、障害のある人から申出があった場合に「合理的配慮の提供」を求めることなどを通じて、「共生社会」の実現を目指しています。障害のある人に対して、正当な理由なく、障害を理由として、サービスの提供を拒否することや、サービスの提供に当たって場所や時間帯を制限すること、障害のない人には付けない条件を付けることなどの「不当な差別的取扱い」は禁止されています。

平時における防災活動　第**2**部

2　「合理的配慮」の提供とは

　日常生活や社会生活において提供されている設備やサービス等は、障害のない人は簡単に利用できても、障害のある人にとっては利用が難しく、結果として障害のある人の活動などが制限されてしまう場合があります。このような場合には、障害のある人の活動などを制限しているバリアを取り除く必要があります。このため、障害者差別解消法では、行政機関等や事業者に対して、障害のある人に対する「合理的配慮」の提供を求めています。

　具体的には、①行政機関等と事業者が、②その事務・事業を行うに当たり、③個々の場面で、障害者から「社会的なバリアを取り除いてほしい」旨の意思の表明があった場合に、④その実施に伴う負担が過重でないときに、⑤社会的なバリアを取り除くために必要かつ合理的な配慮を講ずることとされています。合理的配慮の提供に当たっては、障害のある人と事業者等との間の「建設的対話」を通じて相互理解を深め、ともに対応案を検討していくことが重要です。

表1　合理的配慮の提供等事例（災害時）

聴覚障害者向けに警報装置を改善した例	・災害情報を登録された電子メールのアドレスへ配信する警報システムを導入した。また、普段は業務のお知らせなどを表示している電光掲示板に、災害時には緊急速報などの情報が表示されるようにシステム改修を行った。 ・警報サイレンと連動して視覚で認識できる警報機補助装置を部屋に設置した。
災害時に聴覚障害者が自身の障害について周囲に示せるよう工夫した例	・公的機関などで配布されている『災害時バンダナ』（耳が聞こえないことを示すバンダナ）を取り寄せて、非常時に着用できるようにした。
災害時の移動に備え器具を導入した例	・災害時に利用することを想定したエアストレッチャーやヘルメット、休憩用のベッド等を整備した。
高層階における災害に備え機器を導入した例	・エレベーターが使えないことを想定し、階段避難車（歩行困難な方を上層階から階段を使用して避難させることができる機器）を備えることとした。
避難所に避難してきた際の対応を想定して事前準備を行った例	・仮設トイレとは別に、本人と介助者が余裕を持って入れる広さの部屋を確保して、ポータブルチェアトイレ、簡易便器、ベッドを置き、着替えやトイレができるようにした。
災害時において、日常的に不安感やパニックを起こす障害がある方を誘導できるよう工夫した例	・避難場所や避難する際の注意などを分かりやすく伝えるための視覚的な手がかりを用意した。また、学校内の避難経路は分かりやすいように、生徒の目線の位置に目印を設置し、避難訓練の際もそれを手がかりにして避難するようにした。
災害時における重症心身障害者の避難に備え避難所を整備した例	・人工呼吸器等のバッテリーに充電するための発電機やインバーターを整備した。また、災害時の備えとして、大規模な停電時には医療用電源ステーションを立ち上げる仕組みを整えた。 ・日頃から災害時を想定した医療物品の保管および医療機器の電源の確保を実施している避難所を整備し、情報を周知していくこととした。 ・嚥下機能障害のある方が避難してきた際に備え、災害時の備蓄食料に、ペースト食・ソフト食・トロミ剤などを加えた。

出典：内閣府障害者施策担当（2023）「障害者差別解消法【合理的配慮の提供等事例集】」から抜粋

［中井　俊雄］

22 要援護者・要配慮者・要支援者の考え方・捉え方

　災害時に支援を必要とする人はさまざま考えられますが、例えば普段の生活の中を捉えても、「寝たきりなど身体介護の必要な高齢者、ひとり暮らしの高齢者、高齢者のみの世帯に属する人、認知症の人、難病の人、けがや病気の人、身体（肢体・視覚・聴覚・内部）障害者、知的障害者、精神障害者、発達障害者、妊産婦、乳幼児、化学物質過敏症の人、日本語での意思疎通が困難な外国人」などが考えられます。また、発災時だけを捉えると、普段は障害等で支援を受ける必要のない人であっても、「災害により要支援となった人（けが・病気など）」についても災害時に支援が必要となる可能性はあります。**自主防災組織**等で活躍しようと考えている支援者であっても同様のリスクがあることを自覚しておかなければなりません。

　下の図1は、全国民生委員児童委員連合会が自らの活動指針として出している資料からのものです。この図は、**民生児童委員**として配慮が望ましいと考える人を定義しているもので、例えば、子どもと同居している高齢者でも、日中、子どもが仕事に行っている時間は、実質的にひとり暮らし高齢者と同様の状況となるため、民生児童委員として地域からの支援が必要と考え、把握している人を表す言葉として、「災害時要援護者」という表現を使用しています。

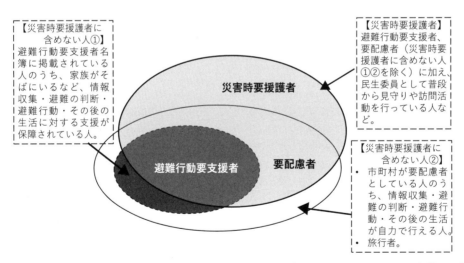

図1　本指針における「災害時要援護者」、「要配慮者」、「避難行動要支援者」の定義と関係
出典：全国民生委員児童委員連合会（2023）「災害に備える民生委員・児童委員活動に関する指針　民生委員・児童委員による災害時要援護者支援活動に関する指針 改訂第4版」より

平時における防災活動　第**2**部

　国では、平成25（2013）年の災害対策基本法改正において、災害時に支援が必要になる人について、「要配慮者」や「**避難行動要支援者**」という言葉を用いて**表1**のように定義しています。しかし、この「要配慮者」の範囲は市町村ごとに定めるため、例えば「外国人」「妊産婦」「難病患者」を含めるかどうかなど、その範囲は市町村ごとに違っています。

表1　災害対策基本法における定義

要配慮者	高齢者、障害者、乳幼児その他の特に配慮を要する者
避難行動要支援者	「要配慮者」のうち、災害発生時に「自ら避難することが困難な者であって、その円滑かつ迅速な避難の確保を図るため特に支援を要するもの

出典：図1に同じ。

　しかし、災害が起こった時に支援を必要とする人として考えられる枠組みを、状態像で捉えると、

- ・立つことや歩行ができない（困難な）人
- ・音が聞こえない（聞き取りにくい）人
- ・物が見えない（見えにくい）人
- ・言葉や文字の理解ができない（むずかしい）人
- ・危険なことを判断できない（できにくい）人
- ・顔を見ても知人や家族とわからない人　　　など

といった状態の人で、具体的には、

- ・自分の身の危険を察知できない人
- ・危険を知らせる情報を受け取ることができない人
- ・身の危険を察知できても救助者（周囲）に伝えられない人
- ・危険を知らせる情報受け取っても対応行動ができない人

などが「要配慮者」と考えられるのではないでしょうか。

　さらに、これらに該当したとしても、社会福祉施設入所者や入院している人等については、施設や病院等が災害対策や安全確保を担うと考えられるので、そうでない在宅で生活する人（旅行中等で、一時的に滞在している人を含む）を対象として捉えればよいでしょう。これらの枠組みの中で、災害発生が迫っている段階〜発災〜避難行動〜避難生活と一定の時間、期間軸での支援を考えていく必要があります。

［中井　俊雄］

23 地区防災計画

　東日本大震災を経て、広域で甚大な被害が発生した場合の公助の限界が明らかとなり、あらためて共助の重要性が問われ、2013（平成25）年の災害対策基本法改正において共助に関する規定が多く盛り込まれました。特に地域コミュニティの住民および事業者によるボトムアップ型の自発的な防災活動に関する計画である「地区防災計画制度」が新たに創設され、2014年4月から施行されています（守茂ら、2014）。

　ここで注目すべきは、住民参加によるボトムアップ型の仕組みを採用し、災害対策法制の分野で初めて計画提案の仕組みが採用されていることであり、住民や事業者は市町村防災会議に対して地区の特性に応じて地区防災計画を定めることを提案できることです（井上ら、2014）。制度の特徴の一つに、活動の継続性が重視される点と、地区の多様性に応じた一般に「計画」と呼ばれる形式化された成果を求める点があります。

1　地区防災計画制度創設の背景と概要

　同制度は、地区居住者等（地域の居住者、事業者など）が作成する地区防災計画と市町村役場が作成する地域防災計画が連携することにより共助の取り組みを加速させることを目的としています。制度の特徴は、以下の通りです。

（1）計画提案制度が採用される等「ボトムアップ型の計画」
（2）地域に詳しい地区居住者等が作成する「地区の特性に応じた計画」
（3）計画に基づく活動の実践、定期的な評価や見直し、活動の継続等を重視した「継続的に地域防災力を向上させる計画」

　地区防災計画は、連携を前提とした制度であり、取り組み主体や計画内容の多様性や作成した計画に対する取り組みの継続性が重視されます。その目的は、地区を構成する活動主体との連携活動であり、計画書作成ではありません。連携のきっかけとして活動を文書化し、共有することにより、活動プロセスそのものを多様な主体で協働し、策定した計画を維持・運営・改善していくことが重要です。

　制度詳細については、「地区防災計画ガイドライン」（2014年、内閣府防災担当）（右QRコード参照）や『地区防災計画制度入門―内閣府「地区防災計画ガイドライン」の解説とQ&A』（西澤雅道・筒井智士著、NTT出版、2014年）に掲載がありますので参照してください。

2 地区防災計画の取り組み事例（岡山県倉敷市川辺地区）

　川辺（かわべ）地区は周囲を川に挟まれた地形であったことから2018（平成30）年7月豪雨災害ではほぼ全域が浸水し、6名が犠牲となりました。被災後、住民有志による地域の防災活動が始まり、現在は「川辺防災チーム」が主体となった取り組みが盛んです。なかでも「黄色いタスキ大作戦」と呼ばれる安否確認の取り組みは、地域全体の取り組みとして年1回の訓練が継続されています。「目指そう！ 逃げ遅れゼロの川辺地区／無事です」と印字された蛍光色のタスキを玄関に掲げることで、お互いの安否を確認する取り組みで、西日本豪雨の教訓をふまえて実施されています。

図1　黄色いタスキ大作戦の様子

出典：川辺防災チーム提供

　また、このような取り組みを継続し、活動内容をわかりやすくとりまとめた地区防災計画を作成しました。この地区防災計画は、川辺地区における「みんなのぼうさいガイドライン」として活用されています。

図2　川辺地区防災計画

出典：川辺防災チーム提供

参考文献

守茂昭・西澤雅道・筒井智士・金思頴（2014）「東日本大震災を受けた地区防災計画制度の創設に関する考察～災害対策基本法改正及び内閣府の「共助による支援活動調査」を踏まえて～」地域安全学会梗概集』No.34、35-40

井上禎男・西澤雅道・筒井智士（2014）「東日本大震災後の「共助」をめぐる法制度設計の意義―改正災害対策基本法と地区防災計画制度を中心として―」『福岡大学方角論叢』第59巻第1号、1-34

［磯打　千雅子］

24 マイ・タイムライン

1 タイムライン（防災行動計画）とは

国土交通省マイ・タイムライン実践ポイントブック検討会（2020）「マイ・タイムラインガイド【Ver.1.0】」では、「タイムラインは、災害の発生を前提に、防災関係機関が連携して災害時に発生する状況を予め想定・共有したうえで、「いつ」、「誰が」、「何をするか」に着目して、防災行動とその実施主体を時系列で整理した計画」と説明されています。防災行動計画とも言います。

2 マイ・タイムラインとは

マイ・タイムラインとは住民一人ひとりの**タイムライン**（防災行動計画）であり、台風等の接近による大雨によって河川の水位が上昇する時に、自分自身がとる標準的な防災行動を時系列的に整理し、自ら考え命を守る避難行動のための一助とするものです。

「取組指針」には、**避難行動要支援者**のマイ・タイムラインについて、「当事者や地域がすべき対応が時系列でまとめられることは有効であり、内容により個別避難計画の要件を満たしていれば個別避難計画として取扱う、あるいは、個別避難計画を補完するものとしてあわせて作成することも考えられる。」と説明されています（「取組指針」pp.81-82）。

その検討過程では、市区町村が作成・公表した洪水ハザードマップを用いて、さまざまな洪水リスクを知り、どのような避難行動が必要か、また、どういうタイミングで避難することがよいのかを自ら考え、さらには、家族と一緒に日

図1 要配慮者マイ・タイムライン作成イメージ
出典：国土交通省中国地方整備局 HP「要配慮者マイ・タイムライン」(https://www.cgr.mlit.go.jp/takaoda/mytimeline/youhairyosya.html)

国土交通省 中国地方整備局 高梁川・小田川緊急治水対策河川事務所「岡谷さんのマイ・タイムライン」（劇団 OiBokkeShi による要配慮者マイ・タイムラインの作成過程を題材としたミニドラマ (YouTube 動画)）

常的に考えるものです。

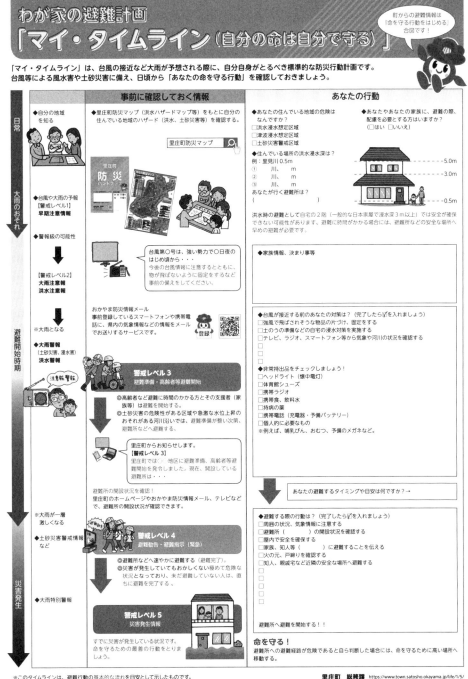

図2 マイ・タイムラインの例 （岡山県里庄町）

出典：里庄町（https://www.town.satosho.okayama.jp/uploaded/attachment/4717.pdf）

［中井 俊雄］

25 「避難勧告」の廃止とレベル1〜5への統一化

2021(令和3)年4月の災害対策基本法の改正により、5月20日から「避難勧告」が廃止されるなどの改正がありました。「避難勧告」等は、発令された地域の居住者全員に立退き避難を勧告するものでした。例えば、浸水被害の場合、マンションなどの上層階で安全が確保できる人にも避難を指示するものでした。改正後は、避難が必要な地域で、避難が必要な人にだけ避難のための立退きを指示することができるようになりました。

警戒レベルは、1から5までに区分されていますが、警戒レベル5は、すでに安全な避難ができず命が危険な状況になっているというレベルです。「警戒レベル5緊急安全確保の発令を待ってはいけません！」という認識を持たなくてはいけないのです。先述のように、避難勧告は廃止されています。警戒レベル4の「避難指示」で危険な場所から全員が避難しなければならないのです。

なお、避難に時間のかかる高齢者や障害のある人は、警戒レベル3「高齢者等避難」で危険な場所から避難しなければなりません。

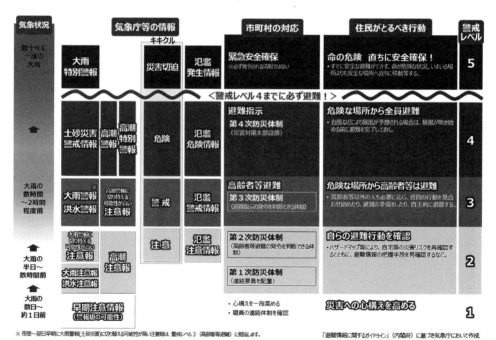

図1　段階的に発表される防災気象情報と対応する行動（気象庁）
出典：気象庁「防災気象情報と警戒レベルとの対応について」(https://www.jma.go.jp/jma/kishou/know/bosai/alertlevel.html)

この警戒レベルの一覧表には、次の三つの留意点があります。①警戒レベル5は命の危険が極めて高く、警戒レベル4までとは異なる段階であることを示すため、5と4以

平時における防災活動 第2部

警戒レベル	状況	住民がとるべき行動	行動を促す情報
5	災害発生又は切迫	命の危険　直ちに安全確保！	緊急安全確保※1
<警戒レベル4までに必ず避難！>			
4	災害のおそれ高い	危険な場所から全員避難	避難指示（注）
3	災害のおそれあり	危険な場所から高齢者等は避難※2	高齢者等避難
2	気象状況悪化	自らの避難行動を確認	大雨・洪水・高潮注意報（気象庁）
1	今後気象状況悪化のおそれ	災害への心構えを高める	早期注意情報（気象庁）

※1　市町村が災害の状況を確実に把握できるものではない等の理由から、警戒レベル5は必ず発令されるものではない
※2　警戒レベル3は、高齢者等以外の人も必要に応じ、普段の行動を見合わせ始めたり危険を感じたら自主的に避難するタイミングである
（注）避難指示は、令和3年の災対法改正以前の避難勧告のタイミングで発令する

図2　警戒レベルの一覧表（周知・普及啓発用）

下の間に区切り等が設けられています。区切りに、「警戒レベル4までに必ず避難！」と記載し波線で挟んであります。②避難のタイミングが明確になるよう、警戒レベル4、3が強調されています。③警戒レベルの一覧表の配色について、ロービジョン等、さまざまな色覚の人を対象に、わかりやすい警戒レベルの配色にし、警戒レベルの推奨配色が定まっています。

図3　避難情報に関するポスター・チラシ

［中井 俊雄］

26 福祉施設・事業所の防災・災害対応①
拡大する福祉施設の役割

　今日、福祉施設・事業所は入所利用者への支援のみならず、在宅利用者・要援護者の災害時の安心拠点としての役割期待が大きくなっています。福祉施設・：事業所の災害対応に関する近年の取り組みや制度改正について、**26**・**27**の2項を使って紹介していきます。

1　被災時の緊急連絡体制の整備

　大規模自然災害により福祉施設も大きな被害を受けることが相次ぎ、広域的に大規模災害が発生した際には、通信や交通の途絶等で、国（厚労省）や都道府県主管課も福祉施設の被災被害状況を把握できず、支援や応援を派遣しようにも身動きが取れず手遅れになるなどの事態が多々発生しました。これを受け、厚生労働省は2017年に「災害発生時における社会福祉施設等の被災状況の把握等について」を発出し、被災時の緊急連絡体制の整備を図りました。

2　「福祉避難所の確保・運営ガイドライン」改訂（内閣府2021年）

　災害対策基本法第49条の7、災害対策基本法施行規則第1条の7の2、災害対策基本法施行令第20条の6による避難所としては「指定一般避難所」と「指定福祉避難所」の2種類があり、2019（平成31）年現在、指定福祉避難所は全国に8,683か所（市町村独自基準による協定確保福祉避難所も22,078か所）あります。

　従来の**福祉避難所**は、災害発生後に一般避難所に行けない人や一般避難所で具合の悪くなった人の二次的移送先という位置づけであり、災害が発生して数日後に市町村の要請によって開設され、市町村からの措置として要援護者を受け入れるもので、住民や要援護者が直接福祉避難所に避難することはできず、公表もされていませんでした。しかし、2021（令和3）年の内閣府「福祉避難所の確保・運営ガイドライン」改訂により、予め個別避難計画や地区防災計画で福祉避難所施設との事前マッチングを行った者およびその家族について、発災直後から一次避難先として直接避難を受け入れることとなりました。

　改訂ガイドラインの適用は市町村によって順次拡大しているところですが、適用された市町村では、福祉事業所の職員は在宅要援護者の**個別避難計画**策定場面（**地域調整会議**等）や**地区防災計画**策定場面にも出席し、福祉事業所として受け入れるか否かを話し合い、市町村との調整の下で了承する必要がでてきます。また波及的に、受け入れるための事業所

平時における防災活動　第**2**部

「福祉避難所の確保・運営ガイドライン」（抜粋）
2.1.1〕　市町村は、災害時で高齢者等避難が発令された場合などには、指定福祉避難所を開設
1.2.2.5〕　高齢者・障害児者等の個別避難計画（や地区防災計画）で、福祉避難所施設との事前マッチングを行った者について、直接避難を受入れる
1.2.2.3〕　指定福祉避難所はあらかじめ特定した受入対象者・家族のみが避難する施設として公示できる
付属資料②〕　妊産婦等福祉避難や相談支援センター設置なども

の福祉避難所運営マニュアルを作成・改訂する必要もでてきますし、レベル3「高齢者等避難」が発令されると同時に福祉避難所をオープンさせなければなりません。さらには、福祉避難所の運営を含めた事業所 **BCP の作成**が必要となってきます。個別避難計画や地区防災計画により福祉避難所として受け入れる要援護者や家族の人数が増加すればするほど備蓄・職員体制など BCP の見直しをしなければならなくなります。

3 災害派遣福祉チーム（DWAT／DCAT）の組成

　西日本豪雨災害を受け、厚生労働省は 2018（平成 30）年に、一般避難所で災害時要配慮者に対する福祉支援を行う「災害派遣福祉チーム（DWAT：Disaster Welfare Assistance Team）」を都道府県ごとに組成促進するとともに、「災害時の福祉支援体制の整備に向けたガイドライン」を策定しました。これにより、全社協・都道府県社協、種別協議会等の連携・協力の下で、被災地に全国から多くの応援派遣部隊が送り込まれるようになりました。

　DWAT は、避難所への応援派遣だけでなく、被災地の福祉施設・事業所等への派遣も想定されます。被災地の福祉施設・事業所にとっては派遣を受け入れる側に、被災地以外の福祉施設・事業所は派遣を送り出す側にもなります。DWAT については**34**項で詳述しています。

4 社会福祉連携推進法人による災害対応

　社会福祉連携推進法人とは、経営基盤強化や人材確保等における連携協力を行うために、複数の社会福祉法人が社員となり結成される新たな法人制度で、2020（令和 2）年の社会福祉法改正（2022（令和 4）年 4 月から実施）によって作られた仕組みです。この社会福祉連携推進法人の役割の一つに「①応急物資の備蓄・提供、②被災施設利用者の移送、③避難訓練、④BCB 策定支援など災害時支援業務」といった、災害時の連携推進法人内での互助的な活動が挙げられています。

［生田　一朗］

27 福祉施設・事業所の防災・災害対応②
さまざなま防災計画

1 火災・災害関係の避難確保計画

　介護保険法や老人福祉法に規定される高齢者施設・事業所には、防災に関する主な計画として、①厚生省令に基づく「非常災害対策計画」の作成および避難訓練の実施、②消防法に基づく「消防計画」の作成、さらに、③水防法（2013年）および土砂災害防止法（2000年）の対象地域（土砂災害、津波、浸水想定区域）にある施設・事業所については「避難確保計画」を作成し市町村への提出および避難訓練の実施が義務づけられています。③の避難確保計画の作成については、「要配慮者利用施設における避難確保計画の作成・活用の手引き（洪水、雨水出水、高潮、土砂災害、津波）」（令和4年3月、国土交通省 水管理・国土保全局）（**12**項のQRコード）を参照ください。

　上記①②③の計画は各計画の項目を網羅すること等で、一体的に作成することが認められています（表1参照）。

2 業務継続計画（BCP）作成義務化

　2020（令和2）年1月から全国的に拡大したコロナ禍を受け、2020（令和2）年12月に厚労省社会保障審議会介護給付分科会報告は、感染症や災害への対応力強化、②業務継続に向けた取り組みの強化として、「感染症や災害が発生した場合であっても必要なサービスが継続的に提供できる体制を構築する観点から、全ての介護サービス事業者を対象に、業務継続に向けた計画等の策定、研修の実施、訓練（シミュレーション）の実施を義務付ける」方針を打ち出しました。

　これを受け厚労省は、「介護施設・事業所における業務継続ガイドライン等について」を発出し（2020.12.14）、介護・障害分野の全事業所に感染症と自然災害に備えたBCP（**業務継続計画**／Business Continuity Planの略）を事業所ごとに作成することを義務づけました。2024（令和6）年の介護報酬改定において、業務継続計画未策定の場合、施設・居住系サービスは3/100単位、その他のサービスは1/100単位が減算されることとなりました（一部業種については2024年度中は減算免除）。

　なお、BCPには対策本部メンバーが参加して実施する参集訓練・対策本部設置訓練・机上訓練と全職員が参加して実施する安否確認訓練・実動（実地）訓練・総合訓練の実施、また、職員に対する研修も盛り込まれます。訓練や研修の実施は減算対象とはなっていませんが、BCPを包括的に捉え、BCPの実効性を高めるためにも取り組む必要があります。

第2部 平時における防災活動

BCPの作成や訓練の実施方法などについては、厚生労働省ホームページ（右QRコード）に業務継続ガイドライン、BCPひな型、研修動画等が掲載されていますので参考にしてください。

厚生労働省HP

表1 福祉施設・事業所における防災計画等の関係

厚生省令 （火災、地震等）	水防法・砂防法（対象区域内の事業所のみ）	消防法	介護事業書自然災害発生時BCPガイドライン
非常災害対策計画	避難確保計画	消防計画	業務継続計画
←　　　　　　　一体的に作成が可能　　　　　　　→			
● 施設等の立地条件（地形等） ● 災害に関する情報の入手方法 ● 災害時の連絡先及び通信手段の確認 ● 避難を開始する時期・判断基準 ● 避難場所 ● 避難経路 ● 避難方法 ● 災害時の人員体制、指揮系統関係機関との連携体制	● 自衛消防の組織に関すること ● 防火対象物についての火災予防上の自主検査に関すること ● 避難経路・避難口・安全区画・防煙区画その他避難施設の維持管理及びその案内に関すること ● 消火・通報及び避難訓練その他防火管理上必要な訓練の定期的な実施に関すること ● 火災・地震その他災害が発生した場合における消火活動、通報経路及び避難誘導に関すること ● 防火管理についての消防機関との連絡に関すること	● 計画の体制 ● 計画の適用範囲 ● 防災体制 ● 避難の誘導 ● 避難確保を図るための施設の整備 ● 防災教育及び訓練の実施 ● 自衛水防組織の業務	● 総論 ● 平常時の対応 ● 緊急時の対応 ● 他施設との連携 ● 地域との連携 ● 自然災害発生に備えた対応・発生時の対応

出典：高齢者施設における非常災害対策の在り方に関する研究事業検討委員会（2021）「高齢者施設・事業所における避難の実効性を高めるために―非常災害対策計画作成・見直しのための手引き―」を参考に筆者作成

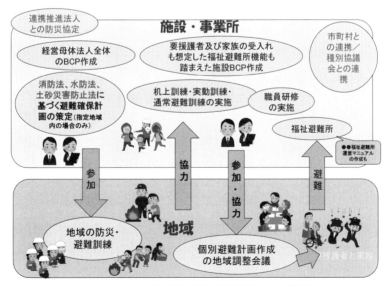

図1 地域防災と福祉施設・事業所

［生田 一朗］

28 地域における防災の担い手①
公私の担い手と連携・人材育成

1 防災力の担い手

　地域の防災力を担う主体はさまざまです。平常時の備えから、災害発生後の生活維持、復旧などまで考えれば、「**常備消防**」である消防本部・消防署や「**非常備消防**」である消防団、警察、自衛隊、また、自治会・町内会等を基礎とした自主防災組織などの民間組織、さらに、企業・各種団体、一般の住民やボランティアグループなども、広い意味では地域防災を支える担い手になりえます。もちろん、全体として、地域の安心・安全を確保するうえで、国や地方公共団体などの関係行政機関の役割も当然大きいといえます。

　それらが時間経過に応じた局面でさまざまな防災活動を行っています。例えば、平常時においては、消防機関では、火災予防のための活動とともに、災害時に存分に力が発揮できるよう消防装備の充実改善、技術向上のための訓練などを行っています。さらには、災害に強いまちづくり、防災訓練などを通じた住民、企業等を対象とする防災人づくりなども日頃から行っています。

　災害発生直後の応急活動として、まず消防機関による消火、救助、救急などの活動が必要となります。これらについて常備消防が全国から駆け付ける緊急消防援助隊を含めて全力をあげて対応することは当然ですが、大きな災害になれば到底常備消防のみで対処することはできません。大規模な災害が発生した時には、避難誘導を含む広範な活動が必要となり、その際は消防団が大きな役割を担うほか、自主防災組織などの地域の防災組織、さらには企業・団体等を含む地域のあらゆる組織、住民の活動が不可欠です。

　復旧・復興過程においては、被災者の生活維持・再建、被害を受けた道路、河川等のインフラ復旧、復興へのまちづくり、地域経済の振興対策、被災の教訓を踏まえた新たな防災システムの整備などが行われます。こうした復旧・復興過程においては、国、地方公共団体が相対的に大きな役割を果たすことになりますが、関係する組織のほか、被災者である住民自らの参加なども重要です。

2 自主防災組織や事業所への行政支援

　地域の総合防災力として、住民の連帯意識に基づくいわゆる**自主防災組織**の存在は重要です。このような地域住民による防災組織については、人材の育成など組織の強化や、活動の活発化を促進する必要があり、国や地方公共団体等ができる限りの支援を行うことが望まれます。

平時における防災活動　第**2**部

　さらに、商店・工場等の民間事業所の活動も重要です。多くの事業所は、その業務内容等に応じてさまざまな資機材や技術、組織力を有しており、事業所内の防災だけでなく、地域社会の構成員として、災害発生時における避難場所の確保や物資の提供などの面で重要な役割を果たすことが期待されます。したがって、地方公共団体は事業所との防災協力協定の締結等を進めるとともに、情報提供など必要な支援を行うことが望まれます。

3　地域における担い手間の連携協力

　消防機関に限らず、地域防災力のそれぞれの担い手がそれぞれ対応力を強化することは基本ですが、同時にそれらが有機的に連携し、協力することができなければせっかくの防災力を十分に機能させることができません。消防機関が警察、自衛隊等の専門機関と連携することはもとより、消防機関と民間の自主防災組織や企業・各種団体などとの連携、また、民間のこれら担い手同士の連携が必要です。

　連携協力を進めるためには、平常時からの対話・接触によって、お互いが顔の見える関係になっておくこと、合同の訓練などで円滑に協力できるようにしておくことなどが重要です。コミュニティが形成されており、日頃から地域としての一体感があれば比較的地域内での連携協力は実現しやすいですが、大都市などでそのようなコミュニティが希薄になっている地域では困難な面があります。しかし、自らが、また家族が、安全に暮らすために協力して地域の防災体制をつくるということが逆にコミュニティづくりの契機になることも十分にあり得ます。そこからコミュニティづくりの一歩が始まり、幅広いコミュニティ活動へとつながり、それが地域の安全をより確かなものにするというような展開が期待されます。そのため、例えば「地域防災○○会議」というような名称の下に、地域、市町村などさまざまなレベルで、必ずしも固い組織としてではなく、ゆるやかで弾力的な仕組みで関係者が気軽に顔を合わせられる連携の場をつくるようなこともあり得ます。

4　地域防災リーダー

　地域において防災リーダーとして活動を率先して実践していく人材の育成には、さまざまな項目の学習内容を体系的、計画的に学習する必要があります。よって研修によって習得する必要がある内容（以下、研修カリキュラム）は、以下のような大項目から構成されると考えられます。　①災害や防災に関する（体系的な）知識、②地域活動の進め方や注意点（例：地域住民を組織化し、地域内で率先して活動していくための組織運営やリーダーとしての在り方等々）、③さまざまな防災に関する訓練やワークショップなどの運営手法などです。

参考文献
総務省（2004）「地域総合防災力の充実方策に関する小委員会報告書」
内閣府（2014）「「地域防災リーダー入門」活用の手引き」

［岡崎 利治］

59

29 地域における防災の担い手② 地域防災に関わる機関・組織・専門職等

　避難行動要支援者名簿掲載者で福祉サービスを利用している方の個別避難計画の策定は、ケアマネジャーや相談支援専門員の呼びかけによっても策定されますし、地域主導で町内会・自治会、自主防災組織、民生児童委員などの呼びかけによっても策定されます。また、地域防災の担い手として消防団が整備されていますし、防災士の資格所持者も増加傾向にあります。これら地域防災の担い手同士が相互理解のうえに連携が促進されるよう、簡単に紹介します。

1 介護支援専門員

　介護支援専門員（ケアマネージャー／ケアマネと略称）は、要介護者や要支援者の人の相談や心身の状況に応じ、介護保険制度のサービス（訪問介護、デイサービスなど）を受けられるようにケアプラン（介護サービス等の提供計画）の作成や市町村・サービス事業者・施設等との連絡調整を行う専門職です。高齢保健医療福祉分野での 5 年以上の実務経験者（医師、看護師、社会福祉士、介護福祉士等）などが国の定める試験や研修を経て介護支援専門員になることができます。居宅介護支援事業所に所属するケアマネは、在宅の利用者のケアプランを作成するとともに、居宅サービス事業者等との連絡調整などを行います。施設に所属するケアマネは、施設入所者の課題の把握等を行い、施設サービス計画を作成します。2006 年の介護保険法改正で介護支援専門員の上級資格として主任介護支援専門員資格が創設され、居宅介護支援事業所や**地域包括支援センター**に配置され、他のケアマネジャーへの助言や指導、地域包括ケアシステムの構築のための地域づくり、事例検討会の開催などを担っています。

2 相談支援専門員

　相談支援専門員は、指定相談支援事業所、基幹相談支援センター、市町村等に配置され、障害のある人が自立した日常生活や社会生活を営むことができるよう、障害者総合支援法のサービスなどの利用計画の作成、地域生活への移行・定着に向けた支援、住宅入居等支援事業や成年後見制度利用支援事業に関する支援など、障害のある人の全般的な相談支援を行います。障害者分野におけるケアマネジャーのような存在といえます。

3 地域包括支援センター

2006年の介護保険制度の見直しに際し、地域包括ケアシステム構築を担い、介護保険のケアプラン作成機関と化してしまった在宅介護支援センターの機能強化版として、市町村が設置する機関として誕生しました（介護保険法第115条の39）。設置目安＝対象圏域は2.5万人に1か所（日常生活圏域≒中学校区）とされており、2021年現在、全国で5,351か所（ブランチ等を含めると7,386か所）あります。その約7割は市町村社協や特養等を運営する社会福祉法人に委託されています。

社会福祉士、保健師等、主任介護支援専門員の3職種が配置され、地域の高齢者の総合相談、権利擁護や地域の支援体制づくり、介護予防の必要な援助などを行い、高齢者の保健医療の向上および福祉の増進を文字どおり包括的に支援しています。

4 町内会・自治会

町内会・自治会は、一定の区域（字（あざ）など）を単位に、住民等によって組織される親睦・共通利益促進・地域自治のための任意団体・地縁団体です。これらの地域組織は、民法上は任意団体と位置づけられ、また、地方自治法第260条の2で「地縁による団体」と定義されていて、設置の義務や加入の義務はありません。ゆえに名称も「町内会」「自治会」のほかに、「町会」「区」「区会」「地域振興会」「常会」「部落会」「地域会」「地区会」「住民協議会」「コミュニティ推進協議会」などさまざまな名称があります。法人化していなければ、指導監督権を持つ所管庁もなく、運営は会員の総意によってのみ自主的に行われます。

「町内会・自治会」はさらに細分化された「組」「班」「支部」「隣保」「隣組」などの下位組織を設定している場合があります。また一方で、中学校区単位を目安に「町内会連合会」「連合自治会」など、複数組織で上位組織を結成している場合もあり、さらにその上位には市町村町内会連合会なども組織されています。

1991年の地方自治法改正により、一定要件を満たし行政手続きを経て法人格を持つ「認可地縁団体」が設置できることとなりました。総務省によれば、全国の約298,700ある町内会・自治会のうち44,008（3.8%）が認可地縁団体になっています（2012年時点）。

5 自主防災組織

自主防災組織は、主に町内会・自治会が母体となって地域住民が自主的に連帯して防災活動を行う任意団体です。町内会・自治会だけでなくマンションの管理組合などの既存の地域組織で結成の決議を採択し、設置を決め、市町村に届け出ることで自主防災組織は設

立されます。

　自主防災組織は、①地域住民が協力して日頃の火災の防止（火の用心の見回り、啓発、防災グッズの購入）や消火訓練、避難訓練を行うこと、②大規模災害において地域住民同士の連携による避難および避難生活に必要な活動、などに取り組んでいますが、非常勤公務員の立場にある消防団員等とは異なり、あくまでも住民の善意と自主性に基づく活動であるため、有事の際の行政からの協力要請を引き受ける義務は基本的にはありません、あくまでも任意での協力ということになります。

　なお、消防庁『令和4年版　消防白書』によると、全国1,741市区町村のうち1,690市区町村で16万6,833の自主防災組織が設置されています。

6　防災士

　防災士は、特定非営利活動法人日本防災士機構による民間資格であり、減災・防災に関するの知識・技能を有する方です。近年の相次ぐ災害を背景に毎年2～3万人の防災士が生まれており、2024年8月現在全国に294,016人の登録者がいます。

　防災士は、平常時には、防災意識・知識・技能を活かして啓発にあたるほか、大災害に備えた自助・共助活動等の訓練や、防災と救助等の技術の練磨などに取り組みます。また、地域における防災・救助計画の立案等にも参画します。自然災害発災時には、所属する団体・企業や地域などの要請により避難や救助・救命、避難所の運営などにあたり、自治体など公的な組織やボランティアの人達と協働して活動します。

7　民生児童委員

　民生児童委員は、民生委員法に基づき、町内会等の推薦により厚生労働大臣から委嘱を受け、行政や社協等と協力して担当地区内の要援護者の生活を支え地域づくりに取り組む地域ボランティアです。全国に約23万人（うち主任児童委員：約2万人）おり、任期は3年で、数十～数百世帯（地域により配置基準差あり）の担当地区を受け持っています。非常勤特別職地方公務員の立場で担当地区内の要援護者の方々の情報も行政を共有しています。地域において児童福祉を推進する必要から、児童福祉法第17条により民生委員は児童委員を兼務することとされており、よって「民生児童委員」「民生委員・児童委員」などと呼称する場合もあります。児童問題への関わりの広範さ、高度さ、困難さ（健全育成から虐待対応まで）等から、1994（平成6）年より主任児童委員（単位民児協に2～3人）が配置されています。高齢者・障害者・子育て世帯の安否確認や相談機関への橋渡しなど「個別支援」と、地区のサロンや子ども食堂運営など「地域支援」の活動を行っています。全国民生委

平時における防災活動　第2部

【災害に備える民生委員・児童委員活動 10 か条】

（民生委員・児童委員として災害に向き合う大原則）
　第1条　自分自身と家族の安全確保を最優先に考える
　第2条　無理のない活動を心がける
（平常時の取り組みの基本）
　第3条　「地域ぐるみ」で災害に備える
　第4条　災害への備えは日ごろの委員活動の延長線上にあることを意識する
　第5条　民児協の方針を組織として決定し、行政や住民等にも周知する
（市町村と協議しておくべきこと）
　第6条　名簿などの個人情報の保管方法、更新方法を決めておく
　第7条　情報共有のあり方を決めておく
（発災後の民児協活動において留意すべきこと）
　第8条　民生委員同士の支え合い、民児協による委員支援を重視する
（避難生活から復旧・復興期の活動で意識すべきこと）
　第9条　支援が必要な人に、支援が届くように配慮する
　第10条　孤立を防ぎ、地域の絆の維持や再構築を働きかける

図1　民生児童委員の災害への備え・取り組み

出典：「災害に備える民生委員・児童教員活動に関する指針　改訂第4版」より

員・児童委員連合会では「災害に備える民生委員・児童委員活動に関する指針」（2019 ／
改訂第 4 版 2024）を発表し、民生児童委員の災害対応について方針を示しています（図1）。

8 消防団

　消防団は、江戸時代の「町火消」に起源を持ち、明治期の「消防組」、昭和期初期の「警
防団」を経て、戦後 1947 年の消防組織法（1951 年改正で必置に）と消防団令（1948 年）
に基づく市町村の非常備消防機関として今日に至っています。消防団員は一般市民で構成
され、自治体から装備および報酬が支給される非常勤地方公務員です。総務省消防庁の発
表によれば、2023（令和 5）年 8 月現在、全国の消防団員数は約 76 万 3 千人で、毎年 2
万人程度ずつ減少しているそうです。なお、全国の消防団数は 2,198 団、消防分団数は
22,237 分団となっています。

表1　消防団の組織

団……市町村に基本的に一つだが複数（旧町村や消防署毎）ある自治体もある。
方面隊・支団・方面団……市内に複数の場合（旧町村や消防署毎）にこれらの呼称を用い
　る場合がある。
分団……市町村のうち、小学校区に一つか、いくつかの大きな町・集落単位で一つ。
部……分団を構成する集落をさらに細分化し、1 ～数個の町・集落単位としたもの。部長
　が指揮する。
班……部内に設置され消火班、機械班などの担当を持つ。班長が指揮する。

［川上 富雄］

30 住民・要援護者の防災リテラシーと災害対応力の向上

リテラシー（literacy）とは、「読解力」「理解力」などと訳され、ある分野に関する知識やそれを活用する能力のことをさします。防災に関するリテラシーは防災教育・学習によって高まり、災害への備えという行動に移ることによって災害対応力の向上が図られます。

1 防災教育とは

『地域における防災教育の実践に関する手引き』（内閣府、2015 年）には、「地域に属するひとりひとりの防災意識の向上を図り、地域内の連携を促進することなどにより、地域の防災力（災害を未然に防止し、災害が発生した場合における被害の拡大を防ぎ及び災害の復旧を図る力）を強化すること」が防災学習の目的として示されています。また、同書には以下の「防災教育を実践する上での五箇条」が提案されています。

①地域の特性や問題点、過去の被災経験を知ること

防災学習を実践するにあたっては、まず地域の脆弱性（過去にどのような災害が発生し、どの程度の被害が出ているか等）を把握し、想定される災害リスクを的確に捉えることが必要です。

②まずは行動し、身をもって体験すること

防災学習を実践しようと思う方は、まずは自ら行動に移し、周囲にその必要性と成果を示すことが重要です。たとえどんなにわずかな、初歩的な取り組みだとしても、誰かが行動を起こすことが重要です。まずは実践したいと思う方が、自ら身をもって体験することです。

③身の丈に合った取組とすること

決して無理をせず、欲張らず、自分たちのできる範囲で取組を進めることです。焦らず、少しずつできるところからはじめ、継続していくことが大切です。

④さまざまな立場の関係者と積極的に交流した防災学習の展開

防災学習が必要なのは地域住民だけではありません。消防や行政の防災部局、NPOや民間企業・団体、自主防災組織などが、互いに協力・連携することが重要です。

⑤明るく、楽しく、気軽に実行すること

日常生活の中で気軽に継続できる取組を進められるよう、楽しみながら実践することです。防災学習は目に見える成果が出にくいものです。それでいて、長期間にわたって地道な継続が求められる取り組みでもあります。明るく、楽しく、気軽に実行することからはじめてみましょう。

2 防災学習の例

　防災学習の目的は、自分、家族、友人のいのちを守り、いのちを守った後は、備蓄品等を活用し、避難生活を乗り越え、復旧・復興へと続く生活や人生を守ることです。

①防災訓練・避難訓練（SUG：「S」＝災害対応、「U」＝運営、「G」＝ゲーム）

　連合町内会自治会単位を目安に、避難所（小学校）などを中心に、発災時の地域の動きを想定した訓練です。消火訓練だけでなく、「消火班」「避難誘導班」「救出救護班」「情報班」「給食給水班」「防犯班」などに分かれ多様なメニューで実施する場合もあります。

②DIG（ディグ／ Disaster ＝災害、Imagination ＝想像力、Game ＝ゲーム）

　参加者が地図を使って防災対策を検討する訓練です。DIG では参加者が地図を囲み、書き込みを加えながら、自身が住んでいる地域で起こるかもしれない災害をより具体的なものとして捉え、ゲーム感覚で災害時の対応をイメージするゲームです。ゲーム進行においては、「災害を知る、まちを知る、人を知る」の 3 要素を踏まえながら皆で話し合うことが大切です。

③HUG（ハグ／「H」＝ hinanjo（避難所）、「U」＝ unei（運営）、「G」＝ game（ゲーム））

　避難所の運営をみんなで考えるためのひとつのアプローチとして、静岡県が開発したものです。避難者の年齢、性別、国籍などそれぞれが抱える事情が書かれたカードを、避難所の体育館や教室に見立てた平面図にどれだけ適切に配置できるのか、また避難所で起こるさまざまな出来事にどう対応していくかを疑似体験するゲームです。参加者はこのゲームを通して要援護者へ配慮しながら部屋割りを考え、炊き出し場や仮設トイレの設置場所を考え、マスコミの取材対応といった出来事にどのように対応するか等を、意見を出し、話し合いながら避難所運営を学ぶことができる教材です。一般避難所の運営は行政が担ってくれるものと勘違いしている方も多いのですが、基本的には住民組織によって自治的に行われます。そのため、地域組織が HUG に取り組んでおくことは必須の体験といってもよいでしょう。

④ほかにも防災学習の教材はたくさん

　気象庁・国土交通省のホームページには、防災教育ポータルサイトがあり、短い動画やパンフレット、簡単な記入をしながら気づき学べる防災ノートなど、沢山紹介されています。また、国土交通省や各都道府県・市区町村のホームページには、ハザードマップが掲載されていてダウンロードもできます。

　さらには、インターネット上には地域防災や家庭防災に関する示唆に富む動画教材がたくさん溢れています。一人で鑑賞するもよし、家族で鑑賞するもよし、あるいは、これら動画教材を活用して高齢者サロンや地域食堂で上映したり、専門職の方々と防災学習会・研修会を開催してはいかがでしょうか。

［岡崎 利治］

31 地域における災害対応力向上の取り組み例

　災害対応のために、個別避難計画の作成ができれば終わりというわけではなく、災害時等に実効性が確保された取り組みでなければなりません。まずは、避難支援等関係者と個別避難計画の**情報（避難支援等実施者・避難先等）**を共有することから始める必要があります。

　さらに、定期的な情報の更新や対象者の状況や支援者情報の変化等にあわせて提供した**情報の更新**が重要です。避難行動要支援者名簿の更新状況をみると、1年以内に更新している割合が9割を超えています。常に最新の情報が共有できる仕組みづくりが必要です。

　また、本人の状況に応じた**避難訓練**を定期的に実施する必要があります。避難訓練を実施することで、本人や家族だけでなく、避難等支援実施者についても、より現実的な避難行動を確認することができるはずです。

　さらに、避難訓練を行うことで、個別避難計画の内容を検証し、点検することにつながります。避難訓練を行った後、振り返りを行い、改善点を洗い出し、計画の見直し、修正を行うことが重要となります。

矢掛町美川地区で行われた避難訓練の様子

平時における防災活動 第2部

　防災訓練といえば、防災週間（8月30日～9月5日）にあわせて休日の日中、晴天時に行われることが多いのではないでしょうか。災害は、休日の日中におこるとは限りません。実効性のある避難訓練は、平日の日中や夜間、雨天時などにも行う必要があるのではないでしょうか。
　せめて雨天中止などとならないよう、非常時に逃げ遅れる人がないために、なにを備える必要があるのか、地域全体で考えていただきたいと思います。

夜間に実施された避難訓練の様子

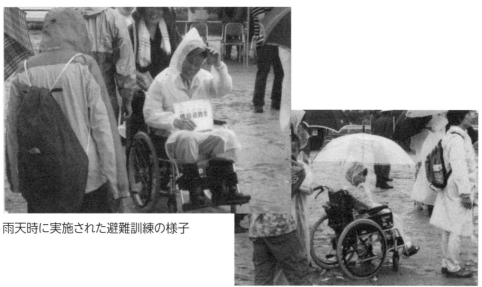

雨天時に実施された避難訓練の様子

写真提供：総社市 下原・砂古自主防災組織　副本部長 川田一馬

[中井 俊雄]

32 地域における防災と福祉の融合的展開

　「地域福祉」とは、誰もが住み慣れた地域で安心して暮らせるよう、地域の住民や公私の社会福祉関係者などが協力し合い、地域の福祉（生活）課題の解決に取り組む考えとされています。「地域防災」とは、住み慣れた地域に起きる自然災害から命を守り、命をつなぎ、日常の生活に戻すという生活課題に「自分たちの地域は自分たちで守る」ために、誰もが災害発生時はもちろん、日ごろから自発的に防災活動に取り組む考えとされています。

　福祉と防災は、ともに日常生活の延長線上にある生活課題を解決するために、日頃からの取り組みが「いざ」というときに役立つ一面をもっています。この考えから、筆者は鎌倉市社協職員として、また、**生活支援コーディネーター**（以下「SC」）として、支え合いの仕組みづくりに取り組む傍ら、近年の自然災害被災地への支援経験を地元に活かそうと2019年に防災士を取得し、2020年に市内で活動する防災士と地域防災の課題解決を目的に、かまくら防災士ネットという団体を発足（発起人）し、現在は副代表をつとめています。本書では、社協職員の立場で、誰一人取り残さない支え合いの仕組みづくりや学校や地域住民への福祉教育に「防災教育から福祉教育への展開」を取り入れた実践例を紹介します。

1 【事例1】第2層協議体による防災と福祉融合的展開

　鎌倉市では、2018年から市内5地域（行政区）に一人ずつSCを配置し（市社協委託型）、高齢者をはじめとする地域住民の社会参加の推進に取り組んでいます。

　A地区では2020年コロナ渦明けに「第2層協議体（高齢者福祉を考える協議体）」が発足しました。協議体では自治町内会を単位とした「ゆるやかな見守り」により、住民一人ひとりがご近所を気に掛け、生活上の変化があったときに"連絡所"に相談（通報）する仕組みを展開しています。ゆるやかな見守り活動を推進しているなか、本年1月に起きた能登半島地震を契機に、防災・減災への機運が高まり、毎月の協議体で話題にあがったため、SCから高齢者福祉に加えて防災・減災活動に取り組む提案を行いました。結果、数回の議論を経て2024年7月に協議体のなかに防災・減災を取り入れることとし、「平時の福祉」「有事の防災」を融合して取り組むことになりました。具体的な取り組みとして、A地区の自治町内会連合会や自主防災組織が行う防災活動へのサポート（防災訓練など）、防災・減災に関する情報の発信、イベントの開催、防災教育のサポートや協力による次世代の担い手づくりなどの活動を予定しています。

平時における防災活動　第**2**部

　第2層協議体のSCとして、ゆるやかな見守り（平時）による"ご近所を気に掛ける"ことが、自然災害発生時（有事）の無事（安否）確認につながり、地域住民同士が支え合う仕組みとなって、誰一人取り残さない地域福祉・地域防災に効果が発揮されることを期待しています。

2　【事例2】福祉教育における防災と福祉の融合的展開

　鎌倉市社協では、市内の小中高の学校、企業・団体などに「福祉教育プログラム」を発行して、福祉教育を通じて「福祉」を自分ごととして捉え、今を生きるさまざまな人たちの存在を知り、共に生きていくために、「自分が何をしたらよいのか」を考えるきっかけとして福祉教育を推進しています。そのメニューは、障がい者理解と点字体験、フロアバレー、車椅子体験など一般的な福祉教育の内容に加え、「防災と福祉の話し」をプログラム化しています。具体的には、自然災害に関する学び、発災前後の命を守る行動や避難行動などの防災・減災教育、避難所についてなどの防災要素に加え、日頃から福祉（要配慮者）への関心や地域とのつながりに関心をむけるものです。講師は"かまくら防災士ネット"が担い、地域の災害想定区域への踏査や、避難所設置体験を行う場合には人手も必要なため、SCが学校周辺に住む自治町内会や民生児童委員など日常的に地域福祉・地域防災活動に携わっている地域住民に呼びかけて授業を組みたてます。まさに、コミュニティーソーシャルワークの実践要素をくみ込んでいます。

　さらに、福祉的観点を防災授業に融合させるために、避難行動の場面で避難所への避難を想定し、避難所に行くことが難しい人はどういう人かを児童・生徒に投げかけます。すると、児童・生徒からは「目が見えない人」「足が悪い人」などの反応が次々に出現します。次に、その方たちが避難所に行くにはどうしたらよいかと問うと、「手をとって一緒に誘導をする」「車椅子で避難する」などの反応が返ってきます。その児童・生徒の反応を担当教諭と共有して、別の機会に「アイマスクを使用した誘導体験」「車椅子体験」「要約筆記体験」「手話体験」などの福祉教育に展開していく手法を取り入れています。

　この防災と福祉を融合した教育は、災害時に自分の命は自分で守ること、地域で生活している何らかの手助け（配慮）が必要な方々の存在理解、さらに自分でできることを考え行動するという、地域に貢献できる人材の育成（次世代の担い手づくり）も視野に入れた取り組みの一つとしています。

［山本　謙治］

33 自助による防災
私たちは災害への備えができているのか

　避難とは文字通り「難」を「避」けるという意味です。避難場所や避難所に行くことが避難ではありません。災害から命を守るための行動になります。災害の状況によっては自宅に避難することもあり得ます。なお、災害時の避難は平時と違い、家屋の倒壊や土砂などにより通常の経路が塞がれていることも想定されます。経路は一つではなく複数を考えておく必要もあるでしょう。ここでは災害に備える「自助」の具体的な取り組み例を紹介します。

1 家具の備え

　阪神・淡路大震災の犠牲者の8割が建物の倒壊や家具の転倒による窒息死や圧死であったとされています。また、焼死の原因も家具の倒壊により避難ができなかったことが理由であったとされています。地震災害の対策としては、(1) 家具の配置の工夫、(2) 転倒・落下・移動防止対策、(3) 飛散防止対策、が必要です。

(1) 家具の配置の工夫

　避難経路上には転倒や移動のリスクが高い家具類を設置しないようにします。また、就寝時にベッドや布団と家具の関係にも注意が必要です（図1参照）。

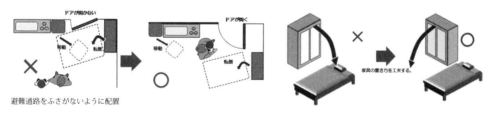

図1　安全な家具の配置

出典：東京消防庁（2024）『家具類の転倒・落下・移動防止対策ハンドブック―室内の地震対策―』pp.7-8

(2) 転倒・落下・移動防止対策

　家具の配置の工夫をすることによってリスクの軽減はできますが十分ではない、また配置による工夫が困難な場合もあります。
　次に考えるのは家具の固定についてです。家具等の固定には底に敷くストッパー式やマット式の転倒防止具、天井との間に咬ませるポール式止具、他にも、さまざまな形状の金具やチェーンなどがあります。固定する際には家具と家屋をしっかりと固定することが大切ですし、場合によっては複数の対策を併用することも必要です。

(3) 飛散防止対策

ガラスが割れてしまうと、避難する際に怪我をする恐れがあります。そのためには飛散防止フィルムを張っておくことも重要になります。

以上のような家具の備えとともに重要なのは、耐震の問題です。各行政でも耐震診断の相談を受けていますので、耐震状況が不明な場合は耐震診断を実施する事が望ましいでしょう。

日本耐震診断協会によれば耐震診断にはおおむね2000〜3000円/㎡かかるようです。自治体によって条件や金額はさまざまですが、診断に対して補助する制度があります。また耐震補強工事等（おおむね100〜300万円）に対しても自治体からの補助制度（数十万〜200万円程度）があります。

2 家族の連絡体制

災害時は家族を待つことなく命を守るため避難をすることが求められますので、落ち着いた際にどこで合流するかを決めておくことは重要です。また、災害用伝言ダイヤル（171）、災害用伝言版（Web171）、その他さまざまな安否確認ツールの活用があります。なお、災害用伝言ダイヤル（171）、災害用伝言版（Web171）は毎月1日、15日に体験利用ができます。

3 備蓄

備蓄といっても災害の種類や自宅か避難所での備えかによって違ってきますが、ここでは一般的な自宅の備蓄を考えます。備蓄する量は最低3日とされていますが、大規模災害を想定するならば7日分が望ましいとされています。基本は水と食料となります。それ以外に衛生用品、携帯トイレ、照明器具、ラジオなどの情報収集機器があります。また、女性、乳幼児、高齢者など、家族構成によって違ってきます。なお、近年は防災備品も進化し、食料は美味しくなり、携帯トイレなども使いやすくなりました。食料はローリングストックにも最適です。最新の情報は防災展などで確認することが大事です。

災害の備えを行い、自身の被害が少なければ、被災者ではなく支援者になることができます。毎年のように災害がおきている昨今、地域住民も災害に関心を持っています。家庭内での備えだけでなく、地域との日ごろからのつながり作りを大切にし、災害を切り口として地域福祉にも取り組んでいく必要があります。

［藤尾 直史］

3

発災時の被災地・被災者支援およびの復興支援

34 災害派遣福祉チーム（DWAT）

　災害派遣福祉チーム（Disaster Welfare Assistance Team　以下、DWAT）は、災害が発生し高齢者や障害者、子どもなどの災害時要配慮者が避難所等において、長期間の避難生活を余儀なくされ、必要な支援が行われない結果、生活機能の低下や要介護度の重度化、ひいては災害関連死といった二次被害を防ぐために福祉的な支援活動を行うことを目的としています。

　2011年の東日本大震災において、避難所への移動や避難生活で疲弊し、災害関連死が起こり、高齢者の割合が多数を占めたこと、医療や保健による専門職支援だけでは、要配慮者のニーズに対応するのは困難であり、福祉ニーズに対応できる人材が必要となったことが背景となり、災害時に福祉支援チームが必要ではないかと議論が始まりました。

　また、国においても検討が行われ、2018年に厚生労働省から「災害時の福祉支援体制の整備に向けたガイドライン」（図1参照）が発出されました。各都道府県における災害福祉支援ネットワークの構築やチームの組成、保健医療関係者との連携などが示され、本ガイドラインを契機として全国的にDWATのネットワーク構築、チームの組成が広がりました。

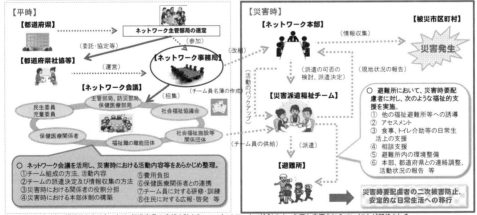

図1　「災害時の福祉支援体制の整備に向けたガイドライン」の概要
出典：厚生労働省資料（https://www.mhlw.go.jp/stf/seisakunitsuite/bunya/0000209718.html）

発災時の被災地・被災者支援および復興支援　第**3**部

これまで、2016 年**熊本地震**をはじめとして、2018 年**西日本豪雨**（岡山県）、2019 年台風 19 号（宮城県、福島県、栃木県、埼玉県、長野県）、2020 年 7 月豪雨（熊本県）、2021 年7 月豪雨（静岡県）、2024 年**能登半島地震**などで活動（表 1 参照）が行われています。

表1　能登半島地震における DWAT の活動について

① 都道府県単位で、平時の段階から、施設関係団体や介護福祉士等の職能団体、社会福祉協議会等からなるネットワークを組織し、
② 当該ネットワークに参加する団体や施設等から、介護福祉士や社会福祉士、ケアマネジャー等の職員を派遣し合うことにより、編成され、
③ 避難所において、食事やトイレ介助、避難生活中の困り事に関する相談支援、段差の解消や授乳スペースの確保等避難所内の環境整備等福祉的な視点からの支援を行い、要配慮者の要介護状態の重度化、災害関連死などの二次被害を防止するとともに、安定的な日常生活への移行を支援。

出典：厚生労働省 (2024) 令和 6 年能登半島地震福祉関係団体連絡会議資料「厚生労働省の取組について」(令和 6 年 1 月 12 日) より

さらには、令和 3 年防災基本計画および厚生労働省防災業務計画に「DWAT」等の整備について追加されたことに伴い、「大規模災害時の保健医療福祉活動に係る体制の整備について」（令和 4 年 7 月 22 日付け厚生労働省）の通知が発出されました。これは、令和 3 年度厚生労働科学研究の「災害発生時の分野横断的かつ長期的ケアマネジメント体制構築に資する研究」において、保健医療のみでは福祉分野の対応ができず、保健・医療・福祉の連携が重要であるとされたことを踏まえ、新しく「福祉」が加えられました。災害時にはさまざまな保健・医療・福祉関係の専門職チームが支援に入ります（表 2 参照）。避難者の命を救い、暮らしや生活を支えるために、保健・医療・福祉の連携体制はますます重要となります。

表2　災害時に活動する保健・医療・福祉団体

災害派遣医療チーム（DMAT）、日本災害歯科支援チーム（JDAT）、薬剤師チーム、看護師チーム、保健師チーム、管理栄養士チーム、日本栄養士会災害支援チーム（JDA-DAT）、災害派遣精神医療チーム（DPAT）、日本災害リハビリテーション支援協会（JRAT）など

2024 年元日に発生した能登半島地震では、全国 47 都道府県の DWAT が稼働し、金沢市内で開設された 1.5 次避難所のほか、中能登（七尾市、志賀町）、奥能登（穴水町、能登町、輪島市、珠洲市）の避難所で避難者のアセスメント、なんでも相談コーナーの設置、健康体操、多職種連携などの支援活動を行いました。各都道府県 DWAT の派遣調整については、「災害福祉支援ネットワーク中央センター」（厚生労働省から全国社会福祉協議会が受託）が業務を行い、期間中、延 6,097 人の DWAT 登録員を派遣しました（派遣期間：1 月 6 日から 6 月 30 日）。

［松永 和樹］

35 避難場所と避難所
（指定避難所／福祉避難所）

1 避難場所と避難所

　災害種別（洪水、崖崩れ・土石流・地滑り、地震、津波、大規模な火事等）により指定施設等が異なります。日頃から確認しておきましょう。

①指定緊急避難場所

　災害対策基本法に基づき市町村長が災害種別ごとに指定した緊急的に避難する場所のことで、指定避難所を兼ねることもあります。津波に対しては津波避難ビル等があります。また地震等による火災の延焼から避難する場所が広域避難場所であり、その中継点や一時的に避難する場所となるのが一時避難場所です。

②指定避難所

　災害対策基本法に基づき市町村長が指定した被災者等が一定期間滞在する施設のことで、多くは公民館や体育館等が指定されています。また要配慮者とその家族を滞在させる施設として**福祉避難所**があり、自治体が社会福祉施設等と協定を結び整備を進めています。また警報等発令より前に自主的に避難を行う人のために自主避難所が開設されます。その他、知人、親族等宅への避難や**西日本豪雨災害**においては、神社の境内を避難所（届出避難所）としたり、ゴミ処理施設に避難した住民もいました。能登半島地震では、農業用ビニールハウスに身を寄せる住民の姿を目にしたのではないでしょうか。これらは指定施設ではないため、安否確認の遅れや支援が行き届かないことに注意しましょう。

2 指定避難所での支援における留意点

①フェーズ１：発災・避難

　発災直後は被災者を安全に避難させることが優先されます。状況によれば、名簿への記載は後回しする等の対応が必要です。ただし、感染症患者の把握は早い段階で行い、避難スペースを分ける等の対応が必要です。避難者は市町村民以外の住民、外国人、旅行者、帰省者等も想定されます。

　避難所内では可能な限り町内会単位ごとに被災者を集め、世帯単位によるプライバシーの守られたスペースを確保し（テント型シェルター等）、段ボールベッドを設置します。またトイレはできる限り清潔に保つ必要があります。

②フェーズ２：避難所生活

　帰宅できない被災者の生活が始まります。可能な範囲で被災者にも避難所運営に参画し

発災時の被災地・被災者支援および復興支援 第3部

てもらいます。エコノミー症候群や感染症、熱中症等の予防に努め、二次的被害を防ぎます。避難生活が長期化する場合は、ホテル等への移動や要配慮者を福祉避難所に移動させることも必要です。また車中泊者や在宅避難者に対応することが求められます。

③フェーズ3：復旧期における避難所

復旧作業が始まると、日中、避難所には子どもと高齢者が残っている状況が見られます。また高齢者世帯等においては、自助により復旧作業を行うことが困難な場合があります。災害ボランティアセンターと連携が取れるような体制づくりをしておく必要があります。

④フェーズ4：復興期における避難所

仮設住宅等への転居支援が必要となる時期です。また自宅の再建においては、そのスピードに差が出ます。最後まで被災者が避難所に残っている限り支援は続きます。

⑤フェーズ0：平時における取り組み

スフィア基準（国際的な人道支援における原則と行動指針）を参考に避難所整備にあたりましょう。女性やLGBTQ当事者、障がい者、外国人等の意見も反映させましょう。また宿泊施設等を避難所にすることも検討すべきでしょう。

表1　指定避難所で必要な支援

役割り	フェーズ1 発災・避難	組織体制の構築	フェーズ2 避難所生活	フェーズ3 復旧期	フェーズ4 復興期	フェーズ0 平時
避難所運営者 （自治体職員・自主防災・自治会・民生委員等）	開錠	総務班	情報発信（被災状況、避難所の状況、必要物資、被災者関連等）ラジオ・テレビ			スフィア基準による避難所整備
	ライフライン確認		避難者への情報提供被（被災状況、受けられる支援内容等）			避難所運営体制の組織化
	設備等の安全確認		マスコミ・報道対応			物資、医療品、食糧の備蓄
	物資、食糧等の確認		ボランティアの受入れ・マッチング			生理用品・乳児用品・介護用品
			ルール整備・秩序維持・防犯			食物アレルギーへの対応
			罹災証明書の手続き確認・支援			自家発電機、カセットボンベ等の非常時のインフラ整備
	避難スペースの設置	救護班	新たな医療、福祉ニーズの把握・対応等（赤十字社・DWATやDPAT等との連携）			
	受付および避難者名簿作成		発熱者の把握と対応			避難所建物・設備及び避難経路の安全性の確認
			ストレス・メンタル的支援、孤立の防止、認知機能低下への予防			
	避難誘導		身体の清潔保持、口腔ケア			バリアフリー化への対応
	トイレの確保		災害関連死の防止			ホテル等との協定締結
	授乳室の確保	物資班	物資・食糧等の配給・調達			避難訓練・避難所開設訓練
	敷地内避難者・車中泊者等の把握	施設班	トイレの清潔保持			ペット避難対応の検討
			避難所居住環境の充実・分煙化・入浴設備（自衛隊等の協力）			
	負傷、医療ニーズの把握、手当・感染症対策	その他	敷地内避難者・車中泊者等への支援	仮設住宅への転居支援		地域内の指定避難所以外の避難所の把握・届出登録（自主防災組織等による運営体制の確立）
			ペットの管理・世話			
	福祉ニーズの把握		被災状況・災害ボランティアニーズの把握	再建状況・災害ボランティアニーズ等の把握		
	ペットの対応		ホテル等への移動支援			
DWAT・福祉専門職	派遣準備	チーム編成	新たな医療、福祉ニーズの発見・対応（他専門チームとの連携）	再建、転居等への支援（士業連携）		募集・研修・訓練・育成
			居場所、遊び場、サロン、個別相談ブース等の設置	孤立防止		体制整備・事業所への理解
		派遣スケジュール	積極的な巡回訪問・声かけ			
			災害関連死の予防（他専門チームとの連携）			
			メンタル的支援、孤立の防止、認知機能低下への予防、グリーフケア（悲嘆）			
ボランティア	ボランティア受け入れ情報の確認、必要物品、遂行品準備		炊き出し、環境整備、物資の整理など			担い手の募集・養成
			話し相手、学習支援など			

※一般的な内容であり、災害種別、災害規模、避難所の規模等によってフェーズや支援内容は異なることに留意してください。

参考文献
内閣府（2022）「避難所運営ガイドライン」（令和4年4月改定）
内閣府（2021）「福祉避難所の確保・運営ガイドラインの改定」（令和3年5月）
日本防災士機構（2024）『防災士教本2024年度版』

［山本　浩史］

36 さまざまな避難
分散避難・在宅避難・車中泊避難・ペット避難

1 分散避難・在宅避難

　災害対策基本法の改正（令和3年）を受けて、「避難情報に関するガイドライン」が公表されました。このガイドラインでは、自宅等から安全な場所に移動する「立退き避難」先の例として、①あらかじめ市町村が指定した小中学校や公民館などの「指定緊急避難場所」と、②「安全な親戚・知人宅、ホテル・旅館等の自主的な避難先」が示されています。

　ガイドラインの①にあるように、小中学校や公民館等の「指定緊急避難場所」に行くことだけが避難ではなく、②にあるように、安全な親戚・知人宅やホテル・旅館等の避難先に立退き避難（**分散避難**）したり、自宅が安全な場合、自宅にとどまる避難（**在宅避難**）をするなど、さまざまな避難行動があります。

　どのような避難を行うのか、災害が発生した場合を想定して、安全に避難する方法等を普段から検討し、決めておくことが重要です。

2 車中泊避難

　災害時に、障害や健康状態、家族の事情、プライバシーの観点などから避難所へ避難せず、在宅避難や分散避難により、避難生活を送る被災者が増えています。そこで、自宅や車中泊などで避難生活を送る避難者や被災者の環境改善などを目指して、令和6年6月に「在宅・車中泊避難者等の支援の手引き」（内閣府）が公表されました。

　これまでの災害の経験から、災害発生時にはさまざまな理由によりやむを得ず車中泊を選択する避難者が一定程度想定されます。健康管理など多くの課題があり、望ましいものではありませんが、以下のポイントを基に、平時から検討、準備する必要があることが示されました。

・車中泊避難者の集約を行うため、車中泊避難を行うためのスペースを検討、公表する。
・健康被害の発生が懸念されることから、車中泊を行う際の注意点や危険性を周知する。
・弾性ストッキングの配布や保健師等による健康管理を行うなど必要な支援を実施する。
・長期的な車中泊避難は望ましくないため、早期の解消を目指す。
・ボランティアやNPO等の民間支援団体の役割は極めて大きいため、積極的に連携する。
・「車中泊避難を行うためのスペース」は、災害救助法の「避難所」に含まれる。

---

3 ペット避難

災害時に備えて、ペットの安全確保や避難についても、普段から考えておく必要があります。迷子札やマイクロチップの装着、ペットと避難するために必要な物資（水や食料、トイレ用品など）や避難所、避難ルート、躾や人馴れ等について、いざというとき慌てないよう普段から検討し、しっかり準備しておきましょう。

避難所等では、市町村や避難先のルールに従って、他の避難者の迷惑にならないよう配慮して行動しましょう。避難所では動物が苦手な方やアレルギーを持っている方等への配慮が必要となります。普段からキャリーバックやケージに慣れさせておくことも災害への備えの一つです。避難所での生活は、ペットにとっても大きなストレスのはずです。ペットの普段の様子から十分な準備が必要となります。ペットへのしつけや健康管理を行うこと、多様な環境に慣らしておくこと等、防災へ備える意識をもって日常生活を送ることが、災害に備えることにつながります。

市町村等で指定されている避難所は、ペットとの同行避難が可能かどうかを確認しておき、可能な場合はそこでのルールなどを確認し、ペットとのよりよい避難について検討しておきましょう。図2の写真は、平成30年7月豪雨で被災した岡山県総社市において、日本で初めて公設のペット避難所が開設された様子です。

環境が整っていなかったり、そもそも「ペット不可」で受け付けてくれないなど、ペットを連れて避難所に行けない場合には、ペットとともに在宅避難や車中泊を選択することもあり得ます。そうしたことも想定しながら、我が家の**ペット個別避難計画**を作成しておく必要があります。そもそも、避難所の運営ルールや部屋の割振や備蓄対応は町内会で話し合われて決定します。さらには、**地区防災計画**にペット避難に関するルールや対応が盛り込まれる場合もあります。そういう意味でも平時から地域との関係を築き、ルールづくりに関わっていくことも大切です。

ペット避難所（7月10日、11日の最大値）
　発災直後はきびじアリーナでペット同伴者の受け入れを行った。ペットのいる人は、これまで他者への遠慮から、避難を躊躇していたが、新たにペット同伴避難所を設け、避難を促すことができた。ペットも家族の一員である。

施　設	世帯	人数	ペット
西庁舎301,302	20	46	犬17匹、猫6匹	9月9日閉鎖
西公民館	4	8	犬4匹、猫3匹	9月16日閉鎖
総社北公園会議室	2	6	犬3匹	7月21日閉鎖

日本初　公設ペット避難所開設

図2　日本で初めて開設された公設のペット避難所
出典：総社市（2019）「平成30年7月豪雨災害対応記録誌―災害発生から9か月間の記憶―」より

［中井　俊雄］

37 さまざまな支援組織

　災害支援には、多くの団体・組織、NPO・NGO が関わることとなります。それは、災害支援を専門とするものもあれば、当該団体・組織が掲げるミッションをもとに災害支援に関わるものもあります。ここでは、その主要なものをとりあげますが、このほかにも、専門職団体、災害支援を専門とする NPO・NGO、教育機関、企業、民生児童委員、当事者団体、消防団などが支援にあたっていることは言うまでもありません。

1 社会福祉協議会

　社会福祉協議会（社協）は、すべての市町村段階、都道府県段階、全国段階で組織化され、地域福祉推進の中核団体として社会福祉法に規定された 15 万人以上の職員を有する非営利組織です。在宅福祉サービスやボランティア活動支援、権利擁護活動や当事者支援、そのほか小地域福祉活動や団体事務など、地域に応じた多様な事業を展開しています。

　一定規模以上の災害が発生すると、地元社協が中心となって、関係者とともに**災害ボランティアセンター（災害 VC）** を設置することが一般的となっており、全国ネットワークを生かして、長期化する災害 VC 運営を支える仕組みを整えています。当然ながら、災害VC は社協でなければ設置できないものではありません。とはいえ、社協は以下の強みを発揮し、災害 VC を設置しています（後藤、2020）[*]。

---

① 行政や幅広い機関・団体とも関係を構築している。
② 福祉サービス事業者として要援護者を把握している。
③ 全国的なネットワークを有している。
④ 民間団体としての機動力がある。
⑤ これまで社協として災害支援のノウハウを蓄積している。
⑥ そもそも使命として、地域の生活課題を把握し、解決する役割を有している。
⑦ 閉所後は、社協の本来的機能として被災者の生活支援、被災地の復興支援にあたる。
⑧ こうしたことにより、社協が担うことの合意が、関係者間で一定なされている。

注
[*] 災害 VC を開設せず、通常のボランティアセンターにおいて対応することもあります。逆に平時より、常設型の災害 VC を設置する社協もあります。

2 共同募金会

　共同募金会は「赤い羽根」をシンボルに募金活動を行っている、社会福祉法に規定された非営利組織です。都道府県単位に設置されています。地域福祉推進のため、毎年10月1日より募金運動を開始し、2022（令和4）年度には168億円の募金実績がありました。

　大規模災害時にはNHKや日本赤十字社とともに、被災者に直接支給される見舞金として義援金を呼びかけていることは周知のとおりです。

　また、集められた寄付金は、原則として同一都道府県内に配分されることとなっていますが、1995（平成7）年の**阪神・淡路大震災**でのボランティア活動の活躍を契機に、2000（平成12）年の社会福祉法改正により**災害等準備金**が位置づけられました。これは、毎年の共同募金の3%を上限に3年間積み立て、大規模災害発生時には、他の都道府県共同募金会に対して資金提供が行われるもので、災害ボランティアセンターの設置・運営や、被災者支援のための炊き出し活動、避難所の乳幼児保育活動など、さまざま活動資金として、即応性ある活動財源として有効に使われています。

　このほかにも、災害ボランティア活動を行う団体・NPOが行う被災地域での緊急、復旧支援やまちづくりなど息の長い復興支援の活動を支援する仕組みとして、中央共同募金会は赤い羽根「災害ボランティア・NPO活動サポート募金」（ボラサポ）を設け、寄付金の募集と支援活動に対する助成を行っています（赤い羽根共同募金HP）。

3 日本赤十字社

　日本赤十字社法により設置された団体であり、**災害救助法**においては、日本赤十字社（日赤）が災害救助に協力する旨、規定されています。

　日赤による災害時の活動は、大きく救護活動（①医療救護、②こころのケア、③救援物資の備蓄及び配分、④血液製剤の供給、⑤義援金の受付及び配分等）と救護業務に関連する業務（①復旧・復興に関する業務、②防災・減災に関する業務）に分けられています。

　救護活動が必要と判断される場合や、被災地となった都道府県等から要請があった場合には、支部はただちに救護班やdERU（国内型緊急対応ユニット）を被災地に派遣し、他の救護団体と協力しながら救護所の設置、被災現場や避難所での診療、こころのケア活動などを行います（日本赤十字社HP）。

参考文献
後藤真一郎（2020）「第5章　災害と地域福祉」社会福祉学習双書編集委員会編『社会福祉学習双書2020　第8巻　地域福祉論』全国社会福祉協議会
赤い羽根共同募金「赤い羽根の災害・被災地支援」（https://www.akaihane.or.jp/saigai/）
日本赤十字社「国内災害救護とは」（https://www.jrc.or.jp/saigai/about/）

［後藤　真一郎］

38 災害ボランティア

　民間によるボランティア活動は、被災地の復旧・復興支援活動の主体として大きな役割を果たすことが、国民の共通認識にもなっています。一定規模以上の災害が起きると、「居ても立っても居られない」思いなどから、多くの人々が被災地に駆けつけ、多様なボランティア活動を行うことが定着化しています。

1　被災者のニーズとは

　ニーズは、一般的には、福祉サービスの利用者（ここでは被災者）が発する言葉と受け止められがちですが、見えにくく、場合によっては本人が気づいていない困りごとやその背景にも視点を広げ、真のニーズ（リアルニーズ）を探っていくことが求められます。これは災害ボランティアにおいても同様です。また、被災地における支援ニーズを考えるにあたっては、災害によって新たに発生した課題のみならず、被災前から有している課題、災害によって顕在化した課題があることにも留意しましょう。

2　災害ボランティア活動の例

　被災地における災害ボランティア活動の例は、**表1**のとおりです。一般的には泥だしやがれき撤去、炊き出しなどが想定されると思いますが、多様な活動が展開されています。

　ボランティア自身の専門領域を活かした活動（プロボノ）も、現地ではとても喜んでいただけます。被災地の状況（課題）はもちろんのこと、発災からの時間の経過によって、現地ニーズが変化していくことも忘れてはいけません。

　また、現地に行かなくとも、被災者への義援金や、支援活動者に対する支援金につながる寄付を行ったり、被災地を応援するイベント参加や物品の購入などもあります。

　物資提供も求められますが、古着をはじめ被災地が求めていない物資の提供は、二次被害を招くことにつながります。被災自治体や支援団体のウェブサイト等を通じて、常に最新の情報を入手し、適切な時期に適切な物資を送ることが欠かせません（現在では、現地の支援者が通販サイトを活用して物資提供を求めることもあります）。

　そして何よりも、その災害、被災地を忘れない、思い続けることが肝要です。復興に向けて支援者が活動を終了させたり、他の災害支援活動に移ることなどにより、支援活動は徐々に減少していきます。撤退は致し方ないものの、「被災者が被災者と呼ばれなくなる

まで、言い換えれば被災者自身が被災者と思わなくなるまで支援は続けられるもの」(『地域福祉から未来へ』p.3) という認識も、災害ボランティアには求められます。

表 1 災害ボランティア活動の例

項目	考えられる主なニーズと活動
住む	避難所での生活支援、自宅の泥だし・片付け、引っ越し支援、ゴミ出し支援、大工ボランティア、表札づくり、
暮らす	物資提供、炊き出し、入浴支援、買い物支援、通院支援、移動支援、洗濯支援
働く	必要な資機材の提供、就労機会の提供、農地の流木撤去、起業支援
育てる	学習支援、文房具の寄贈、託児所の開設、移動図書館活動、仮設児童館、公園づくり、絵本配布や読み聞かせ、体操教室、おもちゃ図書館活動、遊具等の貸し出し・寄贈、遊び相手
癒す	よろず相談、傾聴、ペットの預かり、写真洗浄、マッサージ
知る	各種生活関連の情報発信、新聞・広報誌・FM 放送等による情報提供、通訳・翻訳
交わる	孤立防止、イベント活動、サロン活動、被災者によるボランティア活動

3 災害ボランティア活動の留意事項

(1) 自己管理

被災状況やボランティアの募集状況、持参すべき持ち物や服装などは、必ず事前に現地から情報を収集します。そのうえで、食事や宿泊場所、移動手段等を自ら確認・確保し、現地に赴きましょう。無理な活動は控え、体調管理に十分留意することも欠かせません。また、ボランティア活動保険への加入も必須です。

(2) 被災者中心

ボランティア活動は「自発性」から出発するものですが、自己満足のみで終わってはいけません。ボランティア自身の価値観や過去の経験のみで判断することなく、地元被災者に寄り添った活動が求められます。また、被災者の自立を妨げることにならないよう留意しながらの活動が求められます。

(3) 地元主体・協働

被災地では多様なボランティアや活動団体とともに支援活動を行うこととなり、ゴールを共有しながら取り組む「協働」の姿勢が求められます。また、災害ボランティア活動経験を積んだ方は、災害 VC の運営方法や復興支援活動のあり方に違和感を感じることもあるかもしれませんが、あくまでも「地元主体」の考えのもとに活動していくことが大切です。

参考文献
「地域福祉から未来へ」編集委員会編 (2012) 『地域福祉から未来へ 社協職員が向き合った 3.11 ～宮城からのメッセージ～』筒井書房

[後藤 真一郎]

39 災害ボランティアセンター

1 災害ボランティアセンターとは

東日本大震災以降、災害発生後のテレビや新聞報道、インターネットやSNS等でも「災害ボランティアセンター」(以下、災害VC)という言葉を目にする機会が増えてきました。

災害VCは、被災者の生活再建のために、ボランティアの力を届ける仕組みです。被災者のためにできることをしたいと参加してくれる災害ボランティアと、さまざまな困り事を抱えている被災者をつなぎ、橋渡しする役割を持っています(図1)。災害VCは、被災地の市町村社会福祉協議会(以下、社協)が行政の要請に基づいて設置し、多様な支援者と一緒に運営することが多いですが、社協だけでなくNPOや災害支援団体等が運営する災害VCもあります。

また、コロナ禍の災害VCでは、情報発信やICTの活用が注目されるようになり、SNSでの丁寧な情報発信や、災害VC運営支援システムの導入により、ボランティア受付やニーズ受付票のペーパーレス化といった業務改善が進みました。また、ボランティア登録、活動予約、当日受付、マップの共有、ニーズ管理などが即時的に行え、災害VC内の迅速な情報共有と効率的な運営に寄与しています。

近年は、災害ボランティアセンターの名称を使わずに、○○町災害たすけあいセンター、○○市災害ボランティアセンター・支え合いセンターといった具合に、誰のための災害VCであるかを名称からもわかるように工夫しているセンターも見られるようになっています。

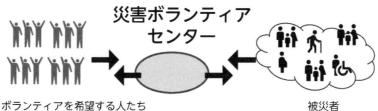

図1 災害ボランティアセンター
出典:全国社会福祉協議会 全国ボランティア・市民活動振興センターの資料より引用

発災時の被災地・被災者支援および復興支援　第**3**部

2　災害ボランティアセンター運営者に心がけてほしい平時の思考

　災害 VC の運営に携わる方は日ごろから、「知ってもらうこと」・「頼ってもらうこと」・「協力してもらうこと」の三つについて、皆で考える機会を持つことがとても大切です。どうすれば災害 VC の認知度が高まるのか、被災した住民や地域の人たちに気兼ねなく相談してもらえるのか、さらには、多くの人に運営のお手伝いをしてもらえるのか、地域の被災した姿を想像して自分事として捉え、被災者の立場で考えることが、顔の見えるネットワーク作りの第一歩であると言えます。

　災害 VC 開設訓練や ICT の導入を進めることも大切ですが、関係者の枠を超えて災害 VC の存在を知らない人たちに向けた活動に取り組み、新たな仲間や協力者を増やしていくことが大切です。地元の多様な関係者で運営する災害 VC を**地域協働型災害ボランティアセンター**と呼んでいます。

3　災害ボランティアセンターと社会福祉協議会

　社協が災害ボランティアセンターの運営を担うことが主流になった理由として 2 点あります。一つは、社協は地域福祉推進を目標とする協議体であるという点です。自治会単位から市町村全域まで重層的に多様な事業を展開し、地域や住民のことをよく把握していることが挙げられます。社協は災害 VC 運営を一時的に対応する業務として「点」で捉えるのではなく、平時から続く「線上に起こるもの」と捉えることができる組織です。2 点目は、社協職員の原点である『**新・社会福祉協議会基本要項**』に示される活動原則です。社協や住民といったキーワードの前に「被災地」や「被災地域」という枕詞をつけ足してみると、平時の事業となんら変わりなく災害時においてもこうした支援を担う理由がわかります。

4　災害ボランティアセンターと都道府県社会福祉協議会

　最後に、都道府県社会福祉協議会（以下、都道府県社協）は、都道府県域の災害 VC 本部として市町村災害 VC の後方支援を担います。都道府県域の災害 VC 本部は、連携する相手が県域や全国域に広がります。そのため、都道府県社協職員は、日ごろから業務を通じて全国の社協職員とネットワークを作っておくことが大切です。

　市町村と都道府県の社協職員は、災害 VC 運営を担う中で自分が困った時に出せるヘルプカード（引き出し）を多く持っておくことが自身を助けることにつながります。これはすなわち、ソーシャルワーク実践におけるネットワーク構築を図ることそのものです。

［松浦 史紀］

40 災害ケースマネジメント

1 災害ケースマネジメントの動向

　災害ケースマネジメントは、被災者一人ひとり異なる必要な支援を行うために、アウトリーチも含めた個別の被災状況・生活状況などを把握、支援策をさまざまに組み合わせた計画を立て連携して支援しようとするものです。現行の災害法制上は、たまたま住んでいた家のダメージ（全壊・半壊等）だけで判定した罹災証明書の区分のみに基づき、画一的な被災者支援を行うことになります。そのため、被災者ごとに異なる重層的で多様な被災ダメージを考慮した被災生活や生活再建上のニーズに、個別的かつきめ細かな支援を行うことは難しい状況にあります。こうした問題を解決するために、2005年のハリケーン・カトリーナで甚大な被害を受けたアメリカ合衆国において実施され、我が国においても、東日本大震災や熊本地震、鳥取県中部地震等の災害においてその必要性が叫ばれ始めました。

　こうした動向を受け、近年、各都道府県レベルで弁護士会、司法書士会、不動産鑑定士協会、土地家屋調査士会、建築士会、技術士会、行政書士会、社労士会、社会福祉士会など士業専門職団体が災害ケースマネジメントのための連携や組織作りを始めており、都道府県や市町村と協定を結び、発災時には避難所や拠点施設等で被災者ニーズを総合的に受け止め、行政等と連携しつつ被災者支援制度や福祉制度とのマッチングに取り組もうとする動きが広がっています。そうしたなか、内閣府は2023（令和5）年3月に「災害ケースマネジメント実施の手引き」を取りまとめました。

2 「災害ケースマネジメント実施の手引き」（内閣府）

　この手引きは、地方公共団体が、社会福祉協議会やNPO等と一体となって災害ケースマネジメントに取り組む際の、標準的な取り組みを示したものです。この手引きでは、災害ケースマネジメントを「被災者一人ひとりの被災状況や生活状況の課題等を個別の相談等により把握した上で、必要に応じ専門的な能力をもつ関係者と連携しながら、当該課題等の解消に向けて継続的に支援することにより、被災者の自立・生活再建が進むようマネジメントする取組」と定義し、その特徴を、①アウトリーチによる被災者の発見、状況把握、②官民連携による被災者支援、③被災者の個々の課題に応じた支援の検討・つなぎ、④支援の継続的な実施、という4点に整理しています。災害ケースマネジメント実践の標準的イメージは下記の図1のとおりですが、これらによって、①災害関連死の防止、②避難所以外への避難者への対応、③支援漏れの防止、④被災者の自立・生活再建

の早期実現、地域社会の活力維持への貢献等の効果があると考えられています（「災害ケースマネジメントの取組について」災害ケースマネジメントに関する地方公共団体及び関係民間団体向け説明会（岡山県）令和5年8月21日内閣府政策統括官（防災担当）付参事官（避難生活担当）付参事官補佐 新井 大地　説明資料より）。

		平時	発災直後～避難所運営段階	避難所閉所検討～応急仮設住宅供与段階	応急仮設住宅供与段階以降
被災者の生活			避難所 →	応急仮設住宅 →	災害公営住宅
			在宅避難		
支援体制等	実施体制の検討・構築				
	支援関係機関・NPO等との連携				
	計画等への位置づけ				
	人材確保・育成、研修実施				
被災者支援	アウトリーチ等		●主な目的:応急的な対応hが必要な被災者の発見及び状況の把握 ●対象:避難所避難者、在宅避難者 →応急的な対応が必要な被災者については、医療や保健、福祉につなぎ、災害関連死を防止	●主な目的:住まいの再建、日常生活の自立にあたっての支援の必要な被災者の発見および課題の把握 ●対象:当該災害の被災者 →アウトリーチで被災者の状況を把握し、得られた情報を精査・アセスメントを実施。支援が必要な者と課題を特定	●主な目的:継続的支援が必要な被災者に対する見守り・相談支援 ●対象:仮設住宅入居者、在宅被災者等 →アウトリーチで得られた情報を踏まえ、適宜アセスメントを見直し
	災害ケースマネジメント会議	●必要に応じて開催 ●応急的に対応が必要な被災者を医療・福祉等の支援に繋ぐことが重要		●目的:アウトリーチ・アセスメントの結果を踏まえ、個々の課題に応じた支援方策を検討 ●参加者:行政関連部局、福祉関係者、支援サービス提供者、NPO等	●目的:アウトリーチ結果等を踏まえ、個々の課題に応じた支援方策を検討 ●参加者:行政関連部局、福祉関係者、支援サービス提供者、NPO等
	支援へのつなぎ等	●必要に応じて、適切な支援先へのつなぎ等支援を実施		●適切な支援先へのつなぎ等支援を実施 ●次の生活への移転等、避難所で生活する被災者への支援を実施	適切な支援先へのつなぎ支援を実施 →行政関連部局、支援機関、士業団体、NPO等
	災害ケースマネジメント情報連携会議		●目的:被災者支援の全体状況の共有、避難所運営や要対応者への対応状況、全体的な方針等の共有 ●参加者:行政内関連部局、災害ボランティアセンター、支援関係機関、NPO等	●目的:被災者支援の全体状況の共有、アウトリーチの進捗状況、ケース会議の実施状況等の共有 ●参加者:行政内関連部局、地域支え合いセンター、支援関係機関、NPO等	●目的:被災者支援の全体状況の共有、アウトリーチの進捗状況、ケース会議の実施状況等の共有 ●参加者:行政内関連部局、地域支え合いセンター、支援関係機関、NPO等

図1　災害ケースマネジメント実施の流れ

出典：内閣府（2023）「災害ケースマネジメント実施の手引き」p.9をもとに作成

3　災害ケースマネジメント全国協議会の発足

　近年の自然災害の頻発化と激甚化を受け、中長期にわたる避難生活を強いられている被災者の方々もいることから、顔の見える関係性を構築し、関係団体の間で知見の共有を図り、それぞれの役割について理解を深めるため「災害ケースマネジメント全国協議会」（第1回）が2024（令和6）年に開催されました。

　設立時点の構成団体は、全国社会福祉協議会、日本介護支援専門員協会、日本社会福祉士会、日本相談支援専門員協会、全国保健師長会、日本医師会、日本看護協会、日本公衆衛生協会、日本赤十字社、日本行政書士会連合会、日本建築士会連合会、日本司法書士会連合会、日本弁護士連合会、全国災害ボランティア支援団体ネットワーク（JVOAD）となっています。

[川上 富雄]

おわりに

　本書は、研究者による学術書としてではなく、地域において防災活動に取り組まれている住民の皆さんや、民生児童委員、福祉施設・事業者、社会福祉協議会職員など福祉最前線で防災と福祉に取り組まれている方、さらには、福祉や防災を学ぶ初学者の皆さんへの防災・災害福祉に関する入門書・実用書として企画・上梓しました。そういう意味では、内容は教科書的で基礎的な解説中心となっていますが、以下のような思いを込めています。

　①関係者の皆さんの「防災リテラシーの向上と防災と福祉の融合・一体的推進の促進」

　②福祉関係者と防災関係者が連携した「防災と福祉に関する自助と共助の促進」

　③平時からの「発災時に命を守り、被災後のQOLを維持」するための防災の重要性

　④地域における「顔の見える関係づくりが共感を醸成し、共感原理が日常の支え合いや発災時の救命救援につながる」

　このような出版意図を執筆者の皆さんも踏まえてくださり、それぞれの言葉で表現し織り込んでくれました。皆、同じ思いで引き受けてくださったのだと思います。

　福祉と同様に防災も、法制度が整い国や自治体が担えば済むものではなく、地域での共助の取り組みや各人の自助の取り組みが相まって成り立つものです。避難行動要支援者名簿も、個別避難計画も、法に定められているから形式的に作ればよいというものではなく、本当に命を守るツールとなり得ているのかが問われるのだと思います。防災・避難訓練も同じです。形式的・行事的にこなしていればよいのではなく、より多くの住民の防災意識とリテラシーが高まるような取り組みとしていく工夫が必要なのだと思います。防災活動が「仏作って魂入れず」になってしまわないよう、実質的な計画づくり、連携体制づくり、訓練の実施に取り組んでいただきたいと思います。

　私には防災をめぐる印象深いエピソードが二つあります。一つは、もう10年位前になりますが、ある地区の住民懇談会の最中に、参加されていた高齢男性が以下のような発言をされたことです。「我が家は老夫婦のみ世帯。日頃、要介護3の妻を介護保険利用と私が世話してなんとか暮らしているが、もし災害が起こったら、私も高齢で、とても妻を担いで避難できないと思ったから行政からの避難行動要支援者名簿への掲載照会に同意した。しかし、要援護者名簿に載っている災害弱者は本当に救援してくれるのか。毎年、町内で防災訓練や避難訓練など予行演習をしているようだが、その際に我が家に誰も安否確認の声掛けや妻の救出訓練に来てくれたことはない。本人の立場からすれば、実際に災害が起こった時に全く助けてもらえるような気がせず不安だ。名簿に掲載することの意味は

なんだったのか。一体名簿はどう使われているのか。私たちの安否確認・救出を担当して
くれているのは誰なのか。何も知らされていない……。」

　一方、7年ほど前に別の市の福祉計画策定委員会の場で参加者の保健師さんがこんな発
言をされました。「私が関わっている在宅療養患者のＡ子さん、要介護認定者にも障害者
にも該当しないので避難行動要支援者名簿の該当者になってなかったのよ（※当時）。で
も、本人は何かあった時、絶対自力では避難できないのですごく不安だっていうの。それ
じゃあ、自分から何かあった時助けてってご近所さんにお願いしておけばいいじゃないと
提案したら、本人もそうだよね、頼れる人はご近所さんしかいないもんねっ……ていうこ
とになり、早速、民生児童委員さんに相談して自治会長さんやご近所さんと話し合いの場
をもったのよ。そしたら、トントン拍子でご近所さんがＡ子さんを見守ろうという話に
なったの。自治会長さんもさらなる支援者探しに協力してくれることになったの。ま、命
に関わるケースもあるのですべての地区・すべての患者さんでこんな感じでうまくいくと
は限らないけどね……。」

　前者は、法令の対象者ではありますが形式的に名簿を作られても、それが無縁社会的な
地域の中で生かされていない残念な事例です。一方、後者は法令の対象外だけど豊かなご
近所関係に包まれていて、皆が暖かく見守り助けてあげようと共感してくれている素晴ら
しい事例です。皆さんは、どちらの町の住民でありたいと思いますか。あなたの住む町を
どうしていくべきだと思いますか。

編者　川上　富雄

索 引

BCP（業務継続計画）　55-57
DCAT（災害介護支援チーム）　39
DIG（ディグ）　65
DMAT（災害医療支援チーム）　39
DPAD（災害保健支援チーム）　39
DWAT（災害福祉支援チーム）　39, 74, 75

あ行

大雨の年間発生回数　3

か行

海溝型地震　3
介護支援専門員　37, 60
介護施設・事業所における業務継続ガイドライン
　37
家具の備え　70
家具や什器、設備の対策　30
過去の災害履歴　31
重ねるハザードマップ　29, 31
家族の連絡体制　71
気象状況　3
救援ボランティア　8
急傾斜地　25
急傾斜地の崩壊による災害の防止に関する法律
　25
旧耐震基準　30
共同募金会　81
局地激甚災害指定基準による指定（局激）　23
巨大地震警戒　17
巨大地震注意　17
緊急安全確保　52
熊本地震　74
ケアマネジャー　42
激甚災害指定基準による指定（本激）　23
激甚災害法　22
建築基準法　30
合理的配慮　44, 45
高齢者等避難　52
国土強靱化対策　6
国土地理院　5, 31
個人情報保護　36
個人情報保護法　41
個別避難計画　11, 37, 38, 42, 43, 50, 54,
　55, 60, 66, 79
個別避難計画策定　42

さ行

災害救助法　20, 22, 81
災害ケースマネジメント　86
災害ケースマネジメント実施の手引き　86
災害ケースマネジメント全国協議会　87
災害準備基金特別会計法　6
災害時要援護者支援班　38
災害時要援護者の避難支援ガイドライン　38
災害対策基本法　18, 20, 26, 27, 36, 42,
　48, 52, 54, 76, 78
災害対策制度整備年表　7
災害等準備金　81
災害派遣福祉チーム→DWAT
災害ボランティア　8, 82
災害ボランティア活動　83
災害ボランティアセンター（災害VC）　8, 9, 14,
　15, 80, 81, 84, 85
災害リスクの減圧―増圧モデル　34
在宅避難　78
砂防三法　25
砂防法　25
自主防災組織　42, 46, 58-62
自助・共助・公助　34, 35
地すべり等防止法　25
自然災害伝承碑　5
指定避難所　77
社会的障壁　44
社会福祉協議会（社協）　38, 41, 42, 80, 84,
　85
車中泊避難　78
主任児童委員　62
障害者差別解消法　44, 45
常備消防　58
消防計画　56
消防団　58, 62, 63, 80
所管省庁　27
新・社会福祉協議会基本要項　85
浸水深と被害発生の目安　32
水防管理団体　24
水防団　24

水防法　　24
生活支援コーディネーター　　68
全壊　　23
相談支援専門員　　37, 60

た行
大規模自然災害 (2011 年以降)　　5
大規模半壊世帯　　23
建物の耐震化　　30
地域協働型災害ボランティアセンター　　84
地域調整会議　　42, 43, 54
地域包括支援センター　　37, 60, 61
地域防災計画　　11, 27, 41
地区防災計画　　11, 21, 27, 35, 48, 49, 54,
　　55, 79
地区防災計画ガイドライン　　48
治水三法　　25
地方防災会議　　27
中央防災会議　　26
中規模半壊世帯　　23
町内会・自治会　　61
直下型地震　　3
津波てんでんこ　　10
東北地方太平洋沖地震　　2
土砂災害警戒区域 (イエローゾーン)　　24
土砂災害特別警戒区域 (レッドゾーン)　　24
土砂災害防止法　　24

な行
南海トラフ地震　　16
南海トラフ地震臨時情報　　17
西日本豪雨　　74
西日本豪雨災害　　14, 37, 76
日本赤十字社　　81
日本の災害環境　　2
能登半島地震　　12, 75

は行
ハザードマップ　　28-31, 50
半壊　　23
阪神・淡路大震災　　2, 8, 70, 81
東日本大震災　　2, 10, 36, 37, 48, 74, 84
備荒儲蓄 (びこうちょちく) 法　　6, 20
被災者生活再建支援法　　23
非常災害対策計画　　56
非常備消防　　58

備蓄　　71
避難確保計画　　24, 25, 56
避難訓練　　25, 65-67
避難行動要支援者　　42, 47, 50
避難行動要支援者の避難行動支援に関する取組指
　　針　　36, 37, 41, 42
避難行動要支援者名簿　　11, 21, 36, 37, 40,
　　42, 60, 66
避難支援等関係者　　41-43, 66
避難指示　　21, 52
避難所ガチャ　　12
避難所生活　　77
避難等支援実施　　42
避難等支援実施者　　66
兵庫県南部地震　　2, 3, 8
福祉避難所　　11, 39, 54, 55, 76
福祉避難所の確保・運営ガイドライン　　37
プッシュ型支援　　21
プレート　　2
プロボノ　　82
分散避難　　78
平均気温の推移　　3
ペット避難　　79
防災学習　　65
防災基本計画　　26, 27, 74
防災教育　　64
防災業務計画　　26, 74
防災訓練　　65
防災士　　62, 68
防災マップ　　29
ボランティア元年　　8

ま行
マイ・タイムライン　　50, 65
マグニチュード　　2
見えない被災地　　13
民生児童委員　　36, 38, 41, 42, 46, 60, 62,
　　69, 80

や行
要配慮者　　47

ら行
罹災救助基金法　　6
リテラシー　　64

執筆者紹介

【編者】

川上 富雄（かわかみ　とみお）（執筆分担　2・3・5・9 ～ 14・16 ～ 19・29・40 項・おわりに）
駒澤大学文学部社会学科教授

略歴　1990 年同志社大学文学部卒業、岡山県社協、広島県社協、日本社会事業大学、川崎医療福祉大学勤務を経て現職。その間、日本社会事業大学大学院修士課程修了、同博士後期課程満期退学。修士（社会福祉学）、社会福祉士、防災士。

専門領域　地域福祉、コミュニティワーク（地域アセスメント）、社協活動論など。

社会的活動　静岡県社協市町村社協経営基盤強化委員会委員長、岡山県地区防災計画等推進協議会アドバイザーなど。

中井 俊雄（なかい　としお）（執筆分担　はじめに・14・20 ～ 22・24・25・31・36 項）
ノートルダム清心女子大学人間生活学部人間生活学科准教授

略歴　1993 年日本福祉大学社会福祉学部卒業、岡山県総社市社協（27 年間）を経て現職。岡山大学大学院社会文化科学研究科博士前期課程修了、日本福祉大学大学院福祉社会開発研究科 社会福祉学専攻博士課程在籍中。修士（公共政策学）、社会福祉士、精神保健福祉士、公認心理師。

専門領域　地域福祉論、障害者福祉論など。

社会活動　総社市ひきこもり支援等検討委員会委員長、尾道市おのまる会議（重層的支援体制整備事業）委員長、岡山県地区防災計画等推進協議会アドバイザーなど。

磯打 千雅子（いそうち　ちかこ）（執筆分担　1・8・15・23 項）
香川大学地域強靱化研究センター特命准教授

略歴　香川大学大学院工学研究科、建設コンサルタント勤務等を経て現職。博士（工学）、技術士（建設部門／総合技術監理部門）。

専門領域　地域防災、事業継続計画（BCP）、地域継続計画（DCP）

社会的活動　内閣官房国土強靱化推進会議委員、内閣府地区防災計画制度アドバイザリーボード委員、岡山県防災アドバイザー、香川県防災会議委員、地区防災計画学会理事等。2015 年度地区防災計画学会賞（論文賞）。

【執筆者】

馬場 正一	兵庫県社協事務局長	(4 項)
佐野 裕二	総社市社協常務理事	(7 項)
中　恵美	金沢市地域包括支援センターとびうめセンター長	(6 項)
生田 一朗	特定非営利活動法人きょうと福祉ネットワーク一期一会代表理事	(26・27 項)
岡崎 利治	関西福祉大学社会福祉学部准教授	(28・30 項)
山本 謙治	鎌倉市社協生活支援係長	(32 項)
藤尾 直史	茅ヶ崎市社協事務局次長補佐	(33 項)
松永 和樹	静岡県社協福祉企画部地域福祉課課長兼経営支援課参事	(34 項)
山本 浩史	新見公立大学健康科学部教授	(35 項)
後藤 真一郎	帝京平成大学人文社会学部教授	(37・38 項)
松浦 史紀	静岡県社協福祉人材部人材課長兼地域福祉課参事	(39 項)

（執筆順、所属は 2024 年 12 月時点）

キーワードで学ぶ防災福祉入門

2024年12月10日　第1版第1刷発行

編著者　川上　富雄
　　　　中井　俊雄
　　　　磯打　千雅子

発行者　田中　千津子

〒153-0064　東京都目黒区下目黒3-6-1
電話　03（3715）1501㈹
FAX　03（3715）2012
https://www.gakubunsha.com

発行所　株式会社 学 文 社

© T. KAWAKAMI, T. NAKAI, and C. ISOUCHI　2024　　Printed in Japan
印刷　新灯印刷

乱丁・落丁の場合は本社にてお取替えします。
定価はカバーに表示。

ISBN 978-4-7620-3396-4